项目资助

国家社会科学基金重大项目（21&ZD132）：智能制造关键核心技术国产替代战略与政策研究
国家自然科学基金面上项目（72172031）：复杂适应系统视角下的众包平台激励机制研究
辽宁省"兴辽英才计划"项目（XLYC2006009）：数字辽宁发展战略研究
2020年中国矿业大学一流专业建设项目校拨经费（人力资源）
中国矿业大学青年科技基金项目：上下同欲者胜！企业互联网转型中整合型领导力的作用机理研究

平台治理
的逻辑

孙新波 张大鹏 方磊 钱雨 赵宜萱 编著

LOGIC
OF
PLATFORM
GOVERNANCE

机械工业出版社
CHINA MACHINE PRESS

图书在版编目（CIP）数据

平台治理的逻辑 / 孙新波等编著 . —北京：机械工业出版社，2022.12
ISBN 978-7-111-72141-3

I. ①平… II. ①孙… III. ①电子商务 - 经营管理 - 研究 IV. ① F713.365.1

中国版本图书馆 CIP 数据核字（2022）第 230020 号

近年来互联网平台的兴起，逐渐改变了世界的方方面面，朝新型经济体方向发展。平台不仅是一种环境、方式，目前更多地作为一种发展逻辑深入世界各个层面之中，人们对平台高质量发展的诉求也越来越多。在当下商业环境之中，平台可以是一个或多个企业，企业也可以包含多个平台。鉴于平台与企业如此复杂的关系，本书有必要探讨平台的起源、平台的基本构件以及平台的治理逻辑。本书的核心观点可总结如下：平台朝超级平台的方向发展，涉及经济学解释和管理学解释两个维度，包含组织结构、人力资源以及商业模式三大构件，形成了开放、换位、利他和赋能四大新平台思维，联结了消费者、资源供应者、生产者、服务提供者和机制协调者五大主体。本书还总结了平台治理的六大目标，设计了包含七大指标的保障体系，从八个方面构建了平台稳定性指标体系。

本书可以为平台治理研究领域的相关学者、师生提供理论借鉴，也可以为致力于平台商业实践的读者提供参考。

平台治理的逻辑

出版发行：机械工业出版社（北京市西城区百万庄大街 22 号　邮政编码：100037）

策划编辑：吴亚军　　　　　　　　　　　　　责任编辑：王　芳
责任校对：龚思文　　王明欣　　　　　　　　责任印制：李　昂
印　　刷：北京联兴盛业印刷股份有限公司
开　　本：170mm×230mm　1/16　　　　　　版　　次：2022 年 12 月第 1 版第 1 次印刷
书　　号：ISBN 978-7-111-72141-3　　　　　　印　　张：14.5
　　　　　　　　　　　　　　　　　　　　　　定　　价：79.00 元

客服电话：（010）88361066　68326294

前　言

随着互联网技术的不断演进，我国的数字平台得到迅猛发展，通过平台提供的服务，人们可便捷地获取最新资讯、搜索感兴趣的商品信息并实现在线购买等，极大地改变了传统的衣、食、住、行、娱乐等方式。在这个发展过程中，不论是主动还是被动，这些平台和我国的政治、经济、文化、民生的关系都越来越紧密。

从 2020 年 12 月开始，我国加强了对平台经济的规范性监管，将其纳入国家治理体系。处在这种现实情境中，我们深感有必要对平台的基本概念进行探究，并在新时代背景下给出新的解释，我们希望本书有助于读者了解我国的平台经济发展。在过去几年里，我们跟踪、走访、调研了国内多家优秀的平台企业，包括海尔、华为、京东、腾讯、美的、美团、酷特智能、山东黄金、鞍山钢铁、首钢股份、南京钢铁、比亚迪、华晨宝马等。这在实践层面为我们思考平台的良性发展提供了很多有价值的素材。在形成本书的框架之前，我们也翻阅了很多平台方面的书籍，获得了一些知识和启发，为我们提供了诸多有益指导。在实践调研和理论学习过程中，我们对平台的本质有了一些新的认识，试图阐明平台是什么，平台由什么构成，平台如何运行以及如何治理平台。我们也深知，把平台讲清楚并不是一件容易的事。

自接触平台这个概念以来，我们从来都没怀疑过平台的价值。平台的技术也好，平台的商业模式也罢，虽然它们都在一定程度上借鉴了国外的研究和商业实践，但在我国取得的突破性成功为我国经济乃至全球经济的发展做出了巨大贡献。目前，我国的平台商业实践遇到了一些瓶颈。一是平台制度不完善带来的弊端越发明显，外卖平台的食品安全问题、内容平台的质量问题等都亟须解决，平台治理危机使得平台制度的发展和完善对平台的可持续且健康发展而言迫在眉睫。二是平台增长速度放缓，甚至出现负增长。在过去很长一段时间里，借助互联网尤其是移动互联网技术的发展，我国网民数量激增，但发展至今，由用户规模带来的平台效益增长已经接近上限，这就要求平台转变增长思路，促成平台由高速发展转向高质量发展。三是平台的未来发展方向开始变得模糊，诸如"平台的未来到底在哪里""平台与物联网的发展""平台生态的管理逻辑"等相关问题无时无刻不在困扰着平台商业实践者和平台研究学者。

数字化时代平台运行逻辑发生了根本性变化，组织结构、人力资源和商业模式这三大平台构件决定了平台治理的逻辑（见图0-1）。在数字化时代，三大构件的联系更加紧密，单个构件创新发展的同时，不同构件间也实现了协同演化，平台治理的最终追求是全平台的整合创新。

鉴于上述现实困境，本书试图做出以下努力：第一，在新的时代背景下深入解读平台的基本概念，厘清并重构平台可持续、高质量发展的概念基础。第二，结合新商业实践中平台构成的微观基础，对组织结构、人力资源等进行深入探究，明确平台商业实践可持续发展的微观基础。第三，深入探究平台高质量发展的商业模式创新思维和策略，助推平台突破增长瓶颈。第四，结合商业实践，建构平台运营治理体系，如治理目标和治理保障等。总之，本书将围绕"基本概念—微观基础—治理体系"的逻辑展开新时代、新作为和新篇章背景下平台治理必要性和可行性的探讨，形成引领实践前沿的对平台本质的认知，以期为平台商业实践和理论研究提供有益的参考。

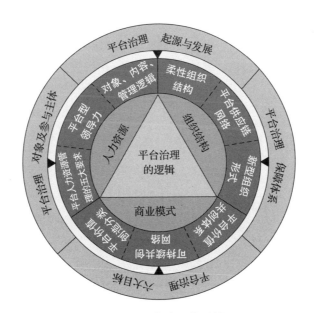

图 0-1　平台治理的逻辑

本书在孙新波教授的指导和统筹安排下得以完成，第 1 篇由张大鹏和方磊编著，第 2 篇由张大鹏和钱雨编著，第 3 篇由方磊、张大鹏、钱雨编著。本书初稿完成后，由赵宜萱副教授审阅全书并进行了相关章节的专业性修改。本书的完成还需要感谢苏钟海博士提出的宝贵意见。

　　本书想法的提出是在 2018 年 7 月，2018 年 10 月确定了本书框架，2021 年才得以形成初稿，在孙新波教授和赵宜萱副教授的多次审阅下，2022 年才完成终稿。

　　囿于编著者的能力和见识，本书难免还有很多不足之处，希望相关专家、学者和广大读者指正，共同为我国平台经济的发展做一些有意义、有价值的工作！

目　　录

前言

第 1 篇　数字化的新型经济体

第 1 章　平台从何而来

1.1	我国传统集市的演化	6
1.2	西方传统集市的演化	9
1.3	平台属性的革新	12
1.4	平台类别的演化	14
1.5	平台意义的拓展	17

第 2 章　揭开平台的神秘面纱

2.1　经济学视角的平台　　　　　　　　22

2.2　管理学视角的平台　　　　　　　　24

2.3　平台的基本架构　　　　　　　　　26

第 3 章　平台到哪里去

3.1　平台发展的稳健性　　　　　　　　33

3.2　平台稳健性的指标体系　　　　　　35

3.3　平台发展差异化结果归因　　　　　39

第 4 章　海尔平台的稳健性发展

4.1　海尔的平台化　　　　　　　　　　43

4.2　海尔平台化的启示　　　　　　　　49

第 2 篇　平台的三大构件

第 5 章　平台型组织生态体系

5.1　柔性组织结构的打造　　　　　　　55

5.2　平台供应链网的出现　　　　　　　62

5.3　新型组织形式的兴起　　　　　　　69

5.4　华为平台型组织的变革历程　　　　78

第 6 章　平台人力资源管理

6.1　管理对象、内容及管理逻辑　　　　85

6.2 平台型领导力 89

6.3 平台人力资源管理的五大要求 102

6.4 社区团购的人力资源管理 110

第7章 平台的价值创造

7.1 平台价值创造的分类 114

7.2 可持续共创网络效应 135

7.3 平台价值共创体系 146

7.4 不同平台的价值共创体系 154

第3篇 平台治理体系

第8章 平台治理的起源与发展

8.1 平台治理的动机、危机与定义 162

8.2 平台治理的发展现状 168

8.3 平台治理与平台生态的关系 170

8.4 设立自己的平台治理部 173

第9章 平台治理的对象及参与主体

9.1 平台治理的对象及影响因素 175

9.2 平台治理的参与主体 178

9.3 平台治理与政府监管的关系 180

9.4 平台治理的策略 182

第10章 平台治理的六大目标

10.1 保证平台市场有效性 187

10.2 提高平台声誉   191

10.3 实现内在系统自运行   193

10.4 建立合理的利润分配机制   194

10.5 资源效用最大化   198

10.6 人与平台协同发展   201

第 11 章 平台治理的保障体系

11.1 政府的协同共治   203

11.2 社会公众的协同共治   206

11.3 产学研协同机制   207

11.4 完善的信用体系   209

11.5 技术引领   212

11.6 通用的标准   214

11.7 开放的平台文化   215

后记   218

PART I

数字化的新型经济体

传统经济体是某个区域内一切经济组成的统称，其区域主要是以地理边界或规则边界进行划分的，经济组成主要是指经济单元及其之间的关系（供需关系、竞合关系等）。

虚拟数字经济体是虚拟世界（游戏平台等）中一切的价值创造和商业活动的统称。虚拟数字经济体会朝向和现实世界融合的方向发展，逐渐形成与现实世界融合的虚拟数字世界，在新的逻辑规则下实现超越"地理和时间"的开放式平台形态。虚拟数字世界中也有一定的边界、一定的规则、一定的环境和一定的条件，维持着该世界中工厂的建立，产品的生产、交易，创造整个商业生态系统（见图P1-1）。新边界、新规则、新环境和新条件必然会带来新的监管规范，虚拟数字经济体要在发展中规范，在规范中发展，两手都要硬。

在虚拟数字经济体中有众多工厂，工厂生产的产品通过订单中心快速精准地配送到用户手中（见图P1-2）。在整个虚拟数字经济体平台内各个主体（包括各种工厂、农场、码头等）以及各个主体之间的关系构成了一个微型虚拟经济体。

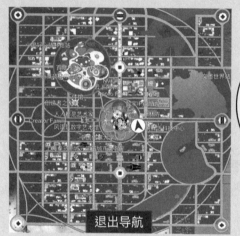
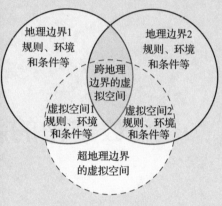

a) "希壤" App中的 "导航" 界面   b) 虚拟数字经济体空间示意

图 P1-1   虚拟数字经济体

图 P1-2   《浪漫小镇》游戏订单中心

　　从"希壤"和《浪漫小镇》来看，虚拟数字经济体中主要包含了两种资源配置机制：一是经济体中虚拟企业内部的资源配置机制；二是整个经济体系统内的资源配置机制。而数字化时代的平台在很大程度上创新了这两种机制，创新体现在以下方面：①用户需求逆向流入产品和服务，企业提供产品和服务的渠道发生了变化，用户和企业的距离越来越近。②企业在生产经营过程中跨越边界的情况越来越多，价值创造过程要求企业有更高的开放性。③资源配置过程中存在供需关系的合作伙伴间的合作方式与机制发生了改变，合作不仅仅发生在业务层面，合作的深度和广度都拓展到管理、运营与战略等各个方面。④原有运营逻辑下的资源配置多是竞争态势下的零和博弈，而平台组织的运营旨在同一生态体系下找到共生共存、互利共赢的协同路径，竞争追求从恶性的"杀敌一千，自损八百"转向良性的"成就彼此"，竞争思维由"有限的游戏"转向"无限的游戏"。

　　虚拟数字经济体发展如火如荼，互联网平台也在朝新型经济体的方向发展。新型经济体是数字化构建的虚拟环境和真实环境的融合体。本书认为平台是新型经济体的实现载体，数字化是新型经济体的实现技术，平台中包含了新型经济体正常运行的各种机制、制度及模式等，数字化为新型经济体中各经济单元的耦合链接提供支撑。本书第1篇从平台的本质出发，首先聚焦于平台的起源及发展历程，通过梳理平台的发展，区别不同时代背景下平台的定义及内涵。其次，从经济学和管理学的角度对平台进行理论解释，同时对平台的前中后台功能进行区分和介绍，讲解建构新时代平台的"三台（前中后）架构"逻辑。最后，就新时代平台的发展要求展开讨论，为企业的平台化进程提供有益的思考。

　　第1篇的内容结构如图P1-3所示。

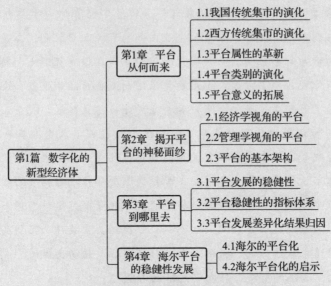

图 P1-3　第 1 篇的内容结构

第1章

平台从何而来

今天所言的"平台"是指线上商品和服务交易的环境和条件，类比于线下，平台（特别是电商平台）扮演的是过去传统集市的角色。集市的最大功能是资源交换，旨在让资源和能力可以突破界限进而在同一时空下整合并交易。集市是商品经济发展的核心。集市的演化在一定程度上可视为社会分工发展的映射：资源交换来源于社会分工又受制于社会分工的水平，社会分工造成生产主体本身不能满足自我所有需求进而推动资源交换的发展，而商品经济的繁荣发展又会促进社会分工的扩大和加强从而反向推动资源交换机制的优化升级。

从底层逻辑上看，平台的运行古已有之，但今天平台的内涵、外延等相较于过去的定义都发生了变化。本章首先聚焦于平台的渊源流变并进行简要梳理，在新时代背景下重新界定平台，并对平台的未来发展进行展望；其次，依据平台的主要功能对平台的类型进行分类；最后就平台发展的意义进行解释。

1.1　我国传统集市的演化

最早的交易（确切地说是交换）发生在原始社会末期，原始人以部落为单元占有物品，并在首领的意志下进行必要的物物交换。追踪物物交换发生的原因，我们发现：各原始共同体自然环境存在差异，由此形成了不同的生产领域，物物交换是早期商品经济的雏形。由于部落所持有的物品在品类和数量上都不稳定，因此交换的频次很低并且一般会事先约定。为了方便交换，部落间渐渐地演化出了交换的固定时间和固定场所，也就是说支持交换的平台具有时间和场所固定性的特点。随着生产力的发展，部落中的物品占有方式开始由族群共有发展到个体所有，进而推动了部落内部的交换，这种交换的频次越来越高。到尧的时期，部落发展更加壮大，集体间的交换变得更加繁荣。《淮南子·齐俗训》中："其导万民也，水处者渔，山处者木，谷处者牧，陆处者农。地宜其事，事宜其械，械宜其用，用宜其人，泽皋织网，陵阪耕田，得以所有易所无，以所工易所拙"[一]。到炎帝时期，相传为炎帝（也称神农氏）创立集市，"日中为市，致天下之民，聚天下之货，交易而退，各得其所"[二]，平台的雏形大概滥觞于此。而后，黄帝创立了度量衡，十分为一寸，十寸为一尺，十尺为一丈。两龠为一合，十合为一升。二十四铢为一两，十六两为一斤。这进一步推进了集市交易的发展。

夏商周时期，必要的货物交换活动仍有发生，交通运输技术的进一步发展让远距离的货物交换成为可能。"黄帝作车，引重致远。其后少昊时驾牛，禹时奚仲驾马"[三]，"刳木为舟，剡木为楫，舟楫之利，以济不通，致远以利天下"[二]。王亥在商丘服牛乘马发展生产，促使农业迅速

[一]　《淮南子·卷十一·齐俗训》，http://www.guoxue.com/book/huainanzi/0011.htm.

[二]　《周易·系辞下》，http://www.guoxue.com/book/zhouyi/0004.htm.

[三]　《古史考》，https://www.cidianwang.com/lishi/diangu/6/10346jn.htm.

发展，用牛车拉着货物，到外部落去交易，使商部落得以强大。商朝时期，地处商地之民善于货物贩卖，以至于后世都将经营货物交易往来活动的人称为商人，王亥也因此被后世称为"商祖"。传说此后很长的一段时间，从事贩运贸易的都是贵族人士，具体贩运过程由奴隶们实施，普通百姓则被固定在既定的区域中从事农业生产。

春秋时期，随着封建王朝都城和诸侯公亲封邑的稳定，交易的专门场所得以成形，彼时已称"市场"。《左传·昭公三年》记载："子之宅近市，湫隘嚣尘，不可以居。""且小人近市，朝夕得所求，小人之利也。"⊖可以这样理解：彼时的工商业的基本职能是服务于官府，市场的开设和管理，以及商品陈列、物价定价、交易规则等都由官府把持。龙登高在《中国传统市场发展史》一书中进行了更详尽的分析。

春秋战国时期，各国之间的征战频繁，由于辎重运输需要，因此各国开辟并修筑了诸多陆路、水路，这些交通基础设施在休战期成为跨区域贸易的有力助推器。秦一统六国后，在全国范围内实行车同轨、书同文、统一度量衡等，大肆兴修官道，面向外地商人的集市也兴盛起来，其可类比于现在的商贸城、商品集散地。此外，春秋时期及以前的集市主要是城市集市，农村集市的发展始于战国、秦汉时期，在这一时期，农民与市场的联系得到了空前的增强，"聚者有市，无市则民乏"⊜。在农村集市发展的前期，农村交易的分散和零碎，使得一开始并没有固定的日期和地点，为了方便交易，有些地方出现了"因井为市"的情况。到汉代，农村集市演化出了固定的日期和地点，并且不同时期及地域交易需求的不同使得农村集市在交易日期设计上也有所差别，有的选择每月的初一和十五，有的选择七日一次。这种有日期规律的集市交易在现在

⊖ 《左传·昭公三年》，https://so.gushiwen.cn/guwen/bookv_46653FD803893E4FE14EDD2507EDF276.aspx.

⊜ 《管子·乘马》，https://baike.baidu.com/item/%E7%AE%A1%E5%AD%90%C2%B7%E4%B9%98%E9%A9%AC/19831176?fr=aladdin.

很多偏远的农村仍然存在。到了唐宋时期，我国的集市已经发展到了非常高的水平，从《清明上河图》中可清楚地看到（见图 1-1）。

图 1-1　清明上河图（局部）

资料来源：故宫博物院网站。

后续集市的发展大体延续了上述形式和特点。值得一提的是，为了方便管理，旧时的集市大多在白天开市、夜里闭市，几乎没有夜市。但宋朝废除了"宵禁"制度。"杭城大街，买卖昼夜不绝，夜交三四鼓，游人始稀；五鼓钟鸣，卖早市者又开店矣"[⊖]。这描述的正是南宋都城临安（今杭州）繁华的商业。

隋唐时期，在商业经济继续发展之下，行会逐渐出现，行会的一些规则成为平台制度的雏形（一直延续至元明清，直至清末开始衰落）。到了明朝手工业得到快速发展，商品的质量和流通频率都得到提升，明朝时我国曾一度是世界上手工业与经济最繁荣的国家之一。明穆宗隆庆元年废除海禁后，海外贸易活跃起来，商品交易的范围进一步扩大。到了清朝，统治者实行闭关锁国政策，这在很大程度上阻碍了工商业的发展。清末和民国时期，庙会在全国范围内实现彻底"转型"，由过去的祭祀活动逐渐成为我国集市贸易的形式之一。

⊖ 《梦粱录·卷十三》，http://www.guoxue123.com/shibu/0301/00mll/014.htm.

商业文明发展至今，我国传统集市曲折发展，有兴荣有衰败，规模有大有小，但在内容和形式上的演化从未间断，不仅在空间上得到了拓展，在时间长度上也有延长。我国传统集市的发展缩影如图 1-2 所示。

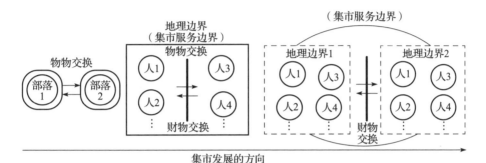

图 1-2　我国传统集市的发展缩影

1.2　西方传统集市的演化

西方集市的发展最早可以追溯到荷马时代（公元前 11 世纪—公元前 8 世纪）的古希腊，伴随其氏族制的瓦解，财产私有化观念逐步形成，奴隶主可以占有土地和奴隶，土地受到制度限制而不能被交易，而奴隶却可以被自由交易。并且，原有氏族政治集会的场所逐步演变成商品交易的场所。古希腊早期的市场交易同样主要以物物交换为主，后续渐渐演化出了以家畜为主的一般等价物，如牛、羊、马等。同时，除了国内交易外，由部分探险家拓展的海外掠夺推动了古希腊的国际交易的发展。

到中世纪，欧洲发展起了封建领主庄园经济，封建主占有庄园和土地，通过雇用农民开展生产，农民通常会将个人剩余的产品带到庄园或城堡周围进行交换，以获取其他产品来满足家庭生活需要。随着交易范围的渐渐扩大，村庄集市开始出现。

10 世纪—11 世纪，先进的生产农具推动了农业生产的进步，进一步推动了手工业与商业的发展，处于交通便利的地点逐渐发展成交换的中心。自由发展的交易市场侵蚀了原属于封建主的利益，手工业者、商人和农民等通过金钱购买一定的自治权，或者通过暴力反抗的形式来获取交易自由，最终，在与封建主进行利益斗争的过程中，完善的市场交易规则得以形成和发展。

从 12 世纪末开始，以著名的法国香槟集市所在地与北方主要商路交叉点为中心形成了巨大的国际市场。欧洲较大规模的地区性贸易是在城市经济发展的基础上形成的，定期的集市贸易为行会束缚下的商人开辟了新天地，并由此推动了更大范围的地区性贸易的发展，促进了欧洲与亚洲国家的贸易往来，使东西方贸易进一步延伸和扩展。马克思认为，这些商品交汇并进行交换的地方就是美洲大陆被发现之前，世界市场的主要存在形式。[○]

到 13 世纪，现代企业的雏形开始形成并逐步替代了原来的交易主体成为新的交易主体，包括合资经营、股份制经营等在内的企业经营模式开始产生演化，汇票、信用凭证等现代结算手段也得以发展起来。15 世纪末，意大利出现了最早的银行，金融业开始得到发展，市场也由单一的商品流通市场拓展到了货币资本市场。

14 世纪—16 世纪是欧洲封建制度瓦解、资本主义萌生的阶段。长期的兼并战争促成了多民族国家的成立，欧洲整体格局重组和急剧变动，封建领主对市场的掌控被颠覆，国内市场得到了进一步发展。16 世纪末，西方经济进一步发展，在经济层面完成了城市和农村的结合，城市与乡村的经济发展一体化，流通更加便捷、更加频繁。截至 18 世纪末，新兴的民族国家为了应对战争的财务支出，开始尝试向民间发起集资，推动了证券市场和中央银行等的发展，并且两者在国内外的交易中扮演

○ 杨圣明，王茜. 马克思世界市场理论及其现实意义——兼论"逆全球化"思潮的谬误 [J]. 经济研究，2018，53（06）：52-66.

的角色越来越多，功能越来越多。

18世纪六十年代—19世纪七十年代进入自由资本主义时期，亚当·斯密"看不见的手"思想在西方市场经济发展进程中大行其道，西方市场经济开始了自由竞争，资本制度的逐渐完善和金融市场的稳定促进了资本市场的健康发展。同时，基础交通条件的提升也推动了跨大区域交易的发展，处于交通便利点的大型交易中心逐步形成。随着海外市场的加入，这些交易中心逐渐形成国际贸易中心，最后演化成政治、文化、经济和社会中心。与此同时，一些大型交易市场也建立了起来，例如1857年建立、到现在还在运作的墨尔本维多利亚女王市场（见图1-3）。

图 1-3 墨尔本维多利亚女王市场（孙新波摄）

19世纪末，西方市场进入垄断资本主义时期，市场上呈现出垄断和竞争并存的局面，垄断组织逐步发展壮大，辛迪加、托拉斯和卡特尔等大型的垄断组织开始瓜分市场，西方国家政府开始了自由竞争市场的政府干预和控制，如美国国会出台的《谢尔曼法》等。

第二次世界大战后，为重建国际贸易和金融体系，以美国为首的44个国家（地区）签订了著名的《国际货币基金协定》，确立了"布雷顿森林体系"，该体系明确了美元在国际货币汇兑体系中的核心地位。尽管

"布雷顿森林体系"于 1971 年解体，但是该协定影响至今，对于推动西方市场乃至全球贸易的发展具有重要意义。信息技术革命出现以后，美国和欧盟为主的西方国家和地区利用计算机网络技术建立网络销售平台，比如 20 世纪末成立的亚马逊电子销售平台。截至 2021 年，我国位居世界电子销售市场的首位，美国和欧盟分别位列世界电子销售市场的第二、三位。

1.3　平台属性的革新

几千年来集市不断发展，在当代互联网技术的影响下，逐渐形成了电商平台（当然，在此之前也有简单但具有革命意义的制造平台雏形产生，如福特的流水线）。从平台的起源和发展历程来看，平台始终充当着提供生产、交易环境和条件的角色，当然，这个环境和条件会伴随社会商业经济的发展而丰富和演化。

总体而言，平台在本质上创新了科斯所定义的企业的服务属性和交易属性。在现实的平台中可能两个本质属性独占其一的情况较少，大多数平台同时具有这两个属性。

1. 平台的服务属性

就平台的服务属性而言，无论是非营利性平台还是营利性（商业）平台，制造平台还是电商平台，如果其服务属性消失了，那么这个平台的基本作用也就不复存在了，或者这个平台就要"灭亡"了。有人会说，商业运营过程中的每一个环节都具有服务属性，这个观点我们当然认同，但是，平台的服务属性有着创新性的变化，我们需要从三个层面重新认识平台的服务属性。

首先，服务对象是谁？最先映入我们脑海的似乎是需求者，其实不然，平台要服务的对象传达出一种"和"的思想。平台的服务对象是平台所有的参与者，包括供应者、需求者、平台方（多指平台的构建企业）。平台所提供的服务的作用就是让这三方"和"起来。我们可以片面地将这种"和"理解为平衡，从时空观来讲是一种博大（大范围）的动态平衡。

其次，服务路径是什么？服务的路径不再是"一对一""一对多""多对一"，而是"多对多"。在信息的分享和服务范围内，平台是无私的，"以其无私成其大私"，这里的"大私"就是所有参与者的"私"（价值共创）。

最后，服务逻辑的变化。平台的出现颠覆原有企业价值创造的主导逻辑，平台的服务逻辑是服务主导逻辑的共创说，在参与主体"和"与"无私"的前提下实现"共创"。

2. 平台的交易属性

就平台的交易属性而言，平台为什么而存在呢？创造价值！平台的交易属性与制造业企业的交易属性是不同的。

首先，平台的交易是基于产品或服务的创造和销售的，而制造业企业的交易多是基于产品的服务化升级的（当然，现在的新制造业企业在不断整合着两种交易的优势）。这两者在服务的广度、利润的获取范围上都存在着天壤之别。很显然平台能吸引更多的流量、提供更全面的服务，获利的路径也丰富得多，自然盈利也呈指数级增长。

其次，价值创造的驱动要素在发生变化。企业独立于平台而存在时，企业获取的消费者需求信息往往是滞后的，企业往往根据已有的消费需求和推测的消费需求进行下一步生产工作。平台特别是数据平台出现后，企业的价值创造过程直接由实时的消费者需求驱动，价值创造与消费需求的精准度非常高。

最后，价值创造的链条发生了变化。在传统的制造业企业中，价值创造靠的是成熟的供应链和地理空间上的产业集群，但是平台出现后地理空间被打破，价值链成了更大范围的价值网，供应链成了供应网。

平台的交易属性和服务属性都不是稍纵即逝的，平台需要维持一种动态的平衡，这种动态平衡的特征要求每一个平台具有系统性（自涌现、自裂变、自组织等），同时需要一定的组织结构维持平台的基本架构。这种基本架构具有"阴阳"属性，就是在"硬性"组织结构中由"软性"的制度负责串联，也就是说平台的组织结构是柔性的。所以，就平台的作用而言，平台是一种能提供服务和交易的条件和环境。未来，平台交易的范围将会更广，服务的内容和形式将会更多样化、更全面，更重要的是平台将会涉及个人、群体以及社会的整体发展，逼近一种"无所不能"的状态，也就是朝向"超级平台"的方向发展。

1.4　平台类别的演化

平台源起集市，并随着数字化技术发展不断演化，目前仍在不断完善的电子商务平台实现了"集市 + 数字化"的整合，该平台的商品流通渠道更多、范围更广、配送更迅速。当然，在电子商务平台出现的过程中，经历了一段时期的艰难探索。

1. 早期平台的分类

电子商务平台是最早受到大家关注的平台类型，根据交易对象、交易涉及的空间范围，电子商务平台又可以进一步细分类别。

（1）按照交易对象分类　根据电子商务平台涉及交易对象即交易主体的不同，可以将电子商务平台分为以下几点。

B2C 电子商务平台，即支持企业对消费者（business to customer）交易的电子商务平台。在这类平台中，平台企业借助于互联网平台开展在线销售活动，亚马逊、淘宝、京东等都是典型的 B2C 电子商务平台。

B2B 电子商务平台，即支持企业对企业（business to business）交易的电子商务平台。我国的 B2B 电子商务平台发展要早于 B2C 电子商务平台，较为知名的便是阿里巴巴早期的 1688 交易平台。

B2G 电子商务平台，即支持企业对政府（business to government）交易的电子商务平台。这类平台主要为政府采购、企业申请和审批等事务服务，例如一些科技公司提供的智能安防和智能海关平台。

C2G 电子商务平台，即支持消费者对政府（customer to government）交易的电子商务平台。这种电子商务平台一般由政府出资建设，主要为政府面向个体的社会福利、个人所得税等方面提供相关业务服务。

C2C 电子商务平台，即支持消费者对消费者（customer to customer）交易的电子商务平台。这类平台一般由第三方支持建设，旨在对接消费者之间的需求和供给，典型的例子有闲鱼、转转、二手车直卖网等平台。

（2）按照交易涉及的空间范围分类　一是本地电子商务平台，这类电子商务平台主要为本地的产品和服务交易提供服务，如 58 同城、美团外卖平台、社区团购平台等。二是远程国内电子商务平台，这类电子商务平台支持国内跨区域的商品和服务交易，很多 B2B、B2C、B2G、C2C 电子商务平台都属于此类。三是全球电子商务平台，全球电子商务平台支持跨境电子商务交易，通常也叫跨境电商，支持"全球买、全球卖"的交易。

2. 发展后平台的分类

经过多年的发展，平台的概念得到了拓展。现在平台的概念不再局限于电子商务领域。根据平台提供的服务类型，可以将平台划分成五大类，包括电子商务平台、社交娱乐平台、工业互联网平台、物联网延伸的农业物联网和城市物联网平台、政治经济合作平台。

（1）电子商务平台 从交易服务的角度可分为以下几种。

产品交易电子商务平台。这类平台主要提供实体产品交易的支持。例如，淘宝电子商务平台、京东电子商务平台和苏宁易购电子商务平台等。

服务交易电子商务平台。这类电子商务平台主要提供服务交易的支持，并且单次收取的服务费用比较低，但是用户对此类电子商务平台的使用频率较高。例如，58同城提供的上门开锁服务、家政服务、城市美食推荐服务，美团外卖提供的送餐服务等。

内容交易电子商务平台。这类平台主要提供内容交易的支持，分三种情况。一是平台企业自己创作，因为平台企业自身的精力有限，这种情况比较少见，例如某些公众号的内容是由公众号持有者进行内容创作和分享。二是由用户创作，诸如知乎、快手、抖音等的内容主要依靠用户，用户创作和分享专业知识、生活故事等内容，平台与内容创作者共享这些内容产生的交易收益，抑或是通过内容分享获取的流量进行商业活动。三是平台企业和平台用户两者共同创作，这种模式较为常见，通常，这类内容交易电子商务平台的起步都依赖于平台企业的原始内容积累，当实现网络的正外部效应后，平台才会将内容的主要创作工作交给用户。例如，百度文库除了支持外部数据的批量导入外，还支持用户上传和分享文档，通过上传用户还能获得一定的奖励。

（2）社交娱乐平台 这类平台主要为用户提供社交和娱乐支持，例如微信、QQ、微博等，它们不仅为用户提供社交服务，还为用户提供海量的资讯和交易服务。

（3）工业互联网平台 我们将整合社会化资源进行价值创造和交易的工业企业平台定义为工业互联网平台。这类平台不仅整合针对供给侧的资源和能力，而且将需求侧的需求也整合到整个平台的价值创造过程中。工业互联网平台是社会化资源和能力与社会化需求匹配的平

台。例如，海尔的 COSMOplat、酷特智能的智能制造平台、沈阳机床的
iSESOL 云平台。从国内工业互联网平台的发展情况来看，工业互联网
平台极有可能会是工业企业发展变革的重要出路。

（4）物联网延伸的农业物联网和城市物联网平台　这类平台与农产品
的电子商务平台和城市中的服务平台是不同的。农业物联网平台是智慧农
业建立的基础，此类平台强调的是农业生产设备的运转、农业生产人员
的运营、植作物种子选配、产品的销售和生产等一系列活动的集合。农
业物联网平台旨在打造全产业链的智慧农业解决方案。城市物联网平台
是城市数字化、智能化的底座，"新基建"的必备基础设施，旨在智能化
每一个城市数字空间，助力打造"善政、惠民、兴业"的新型智慧城市。

（5）政治经济合作平台　此类平台是指主要基于各国、各地区签订
的多边政治与经济互惠协议框架、世界范围的博览会等延伸出来的虚拟
平台。例如，从平台角度看，世界贸易组织（WTO）可以被认为是针对
全球多边贸易的管理者、监督者及谈判场所等。

值得一提的是，平台分类的意义在于方便大家详细了解平台侧重
的功能，而现实中各类平台往往在功能上相互交错（如现在的新制造平
台），也存在一个大平台内嵌多个小平台等情况，例如微信平台中整合了
拼多多、美团、京东等其他平台。因此，我们需要从整体、系统的视角
来剖析平台。

1.5　平台意义的拓展

新时代背景下，平台已经成为事物联系和发展的基本条件。

1. 宏观层面

平台推进了人类社会文明的进步，减少了全球范围内的资源浪费，

完善了整个社会公平公正体系。

首先，平台的出现是人类生产生活的一大进步。平台商业经济是人类商业文明的一大创新，在加速世界经济一体化发展的进程中推进了地区之间的文化交流，促进共同富裕。平台是目前为止最能体现信息公平的工具场所，人们可以在各大平台上搜索有助于自身价值实现的信息。由于信息量巨大，因此信息监管成为一项非常困难的工作，但是信息涌现所带来的信息披露作用对有着基本价值判断的平台使用者是有利的。从这一层面上讲，平台能推动人类社会的进步。

其次，平台能促成整个社会资源的有效供给。平台的出现，让那些有需求但又触及不到的资源得以接入整个价值创造体系中，这在很大程度上实现了资源最优化的流动，同时也减少了社会浪费。从这个角度来看，平台有助于实现人类命运共同体建设和全球的可持续发展。在过去的几百年间，资源更多聚集在资本家、垄断企业等少数个体或组织中，资源的流动呈现聚集的特点。但是平台出现后，资源的流动逐渐分散化，资源的划分逻辑更加精细化，平台能根据信息需求让资源流动到更需要的地方，自然能创造更大的价值。另外，依托信息披露，平台能提高资源的供给效率，减少资源的浪费。

最后，平台能推进社会公平。平台强大的链接能力让弱势群体的声音能受到大众的关注，推动相关法律法规的完善，进而推进社会公平公正。例如，在社会中受到不公平待遇的人可以通过平台扩散自己的遭遇，追求公平公正的结果。自媒体平台的发展让每个人都能发声，使每个人遇到的情形都有成为网络话题的可能，让每个人都享有言论自由。

2. 中观层面

平台推进了产业的融合发展，推动了企业的新旧动能转化和供需的匹配效率。

　　首先，平台让各行业和各产业的资源、人才、技术等有机会相互碰撞，这直接推动多产业相互融合。新型基础设施建设必定需要整合多类型资源、多合作部门、多种高端人才。在宏观层面，平台更多作为工具逻辑存在，逻辑建立起来后需要一定的环境空间使得已构建的工具逻辑落地。在中观层面，平台更多发挥提供稳定环境的作用。平台提供了一个相对公平透明的环境，吸引和聚集了大量优秀资源，这些资源在相互链接中碰撞出更大的价值。

　　其次，平台推动了技术融合，提高了全社会新动能创造（或发现）和利用能力，能加速走好中国特色新型工业化、信息化、城镇化、农业现代化道路。新旧动能是相对的概念，现在的新动能可能在不久之后就会成为掣肘社会发展的旧动能，平台的链接能力既能及时地为社会发展提供机会和可能性，在确定方向后又能聚集资源，保障机会的实现，促进工业化、信息化、城镇化、农业现代化同步发展。

　　最后，平台不仅能整合供给侧的资源和能力，也能整合碎片化的需求，形成平台生态的强大创新创造推动力。此外，通过将需求和供给呈现在同一个平面上，让其遵循市场经济规律自行匹配，能最大限度地提升供需双方的满意度。

3. 微观层面

　　平台经济的发展在一定程度上推动了经济活动中的人本主义回归。

　　首先，平台为用户需求的充分表达提供了机会和渠道，而平台所拥有的资源和能力通过整合又能很好地满足用户的需求。换言之，平台重申了用户主权，释放了用户的个性。当用户的需求不断得到满足，用户满意度提升，用户会积极主动地参与到产品的设计和修正之中，这种良性循环不仅能更大程度地满足用户的个性化需求，而且还有利于平台生产有温度、有感情的差异化产品。

　　其次，平台型组织应运而生，尤其是落脚于企业层面的组织结构转变赋予了员工更多的权利，同时平台的价值创造方式通过对企业组织的要求激发了员工创新创造的积极性，员工可以更加灵活地选择自己喜欢的工作内容和工作方式，这改善了传统员工执行命令式的工作，员工可以最大限度地掌控自己的行为。平台在个体层面解放了人性，也激发了人的创新创造能力。

　　最后，当下数字人、虚拟人、智能人等概念被提出，有不少人担心机器人是否会取代自然人。其实，依托信息技术平台而构建的各种机器人不过是服务于人的工具而已，人会在生活中享受到来自这些机器人的服务，会进一步从繁杂的情境中解放出来。

第 2 章

揭开平台的神秘面纱

何为平台？这是平台研究者和实践构建者思考的关键问题。平台涉及的学科、要素、功能等太过广泛，从平台实体的任何一个角度出发，都可以给平台下定义，这也是事物发展过程中不可避免的一个阶段。本章从内外两方面认识平台，从外部看平台是从更宏观的视角来审视平台的发展和属性，从内部看平台是从较微观的视角来审视平台一般意义上的基本构成。

宏观上讲，平台是一个具备经济属性的环境条件，新型经济体已成为平台必然的发展方向。只有从宏观经济视角认识平台，才能更准确地把握平台未来的发展方向。在管理上，平台有独特的管理逻辑，它的运行会对以企业为基本单元的经济格局中的管理思维带来冲击。相较于传统企业，平台在经济发展中的基本属性也发生了进化。微观上讲，平台的构成也在不断进行功能性细分，在原有平台结构的基础上，逐渐形成了前中后的基本结构，只有构建完善的架构体系，才能实现平台的经济和管理价值。因此，我们着重从经济学和管理学两个视角来审视"什么是平台"，并从结构和功能（前中后台）方面解读平台的基本结构。

2.1　经济学视角的平台

未来，阿里巴巴可能不仅是一个平台型企业，而且会成为世界经济范围内的新型经济体。单从阿里巴巴 2020 年数字经济体的商品交易总额（GMV）达 7.053 万亿元人民币（突破 1 万亿美元）来看，阿里巴巴创造价值的能力和速度非常惊人。如果将此数值放到世界银行统计的 2020年世界各经济体的国内生产总值（GDP）排名中，阿里巴巴能排在第 17位，略高于排名第 17 位、国内生产总值为 9 100 多亿美元的荷兰。仅仅从商品交易总额与国内生产总值的比较来看，虽然难以证明阿里巴巴已成为一种新型经济体，或者承载了经济体的职责和功能，但是至少可以说明平台正在朝向更大体量、更大交易量的方向发展。

在互联网时代下，世界范围内的经济已经高度融合，逐渐突破了地理边界、时间边界，甚至心理边界。那么，经济体的概念是否有了新的发展？新型经济体与传统意义上的经济体有什么样的异同？如何测度经济体，也就是说在新形势下经济体的构成是什么？

从理论界的观点来看，经济体是指对某个区域的经济组成进行统称和划分。提及经济体必然会涉及经济这一概念，经济是社会生产关系的总和。这样理解的话，经济体是作为一个庞大的生态系统而存在的。在这个生态系统中，不仅要有相当规模的生产者、相当规模的消费者，还要有稳定的交易模式及共同的利益分配关系。

平台相较于传统经济体的差别主要有四点：

- 平台所形成的经济边界不再是地理边界，而是网络服务器所形成的链接边界。

- 平台作为一个经济体不再以单位地理区域或行业等来划分组成，而是以次级平台（不同服务内容、细分的平台）为组成单位。次级平台可能来自某一个行业，也可能来自多个行业的融合。
- 平台组成的新型经济体具有更强的包容性、更强的风险应对能力、更加健康。
- 平台中资源的流向更加明确与高效。在平台中资源的流向是以需求为导向的，需求是平台生存的根本，任何在平台中的参与者都会在满足客户需求上高效协同。这就使得资源与需求高度精准地对接，也就是前文提到的平台改变了原有企业和经济运行的资源配置机制。

尽管新型经济体与传统经济体之间存在比较大的差别，但是从平台带来的经济价值（创造价值、促进发展等）、社会价值（提供就业、满足消费需求等）以及本质属性（宏观闭环交易）来看，平台还没跳出经济体的本质。因此，我们认为平台会朝新型经济体的方向发展，并且平台很有可能会成为新时代下的一种新型经济体分析要素。

类比于传统经济体的概念，新型经济体的概念是由某些特定网络区域的经济单元聚合而成的综合平台，如"阿里经济体"，包括淘宝平台、咸鱼平台、饿了么平台、优酷平台、阿里云平台、飞猪平台、支付宝平台等。经济单元本身就是具有特定业务属性的垂直平台，如淘宝平台、咸鱼平台等。这些经济单元类似于传统经济体概念中的行业，或者采用不同的划分逻辑而得来。严格意义上讲，行业的划分不会被替代，之所以以次级平台作为经济单元是因为我们采取了一种更适合平台经济体的分析逻辑。

2.2　管理学视角的平台

什么是管理呢？只有从哲学层面上了解了管理的本质，才能做出好的平台管理学解释。根据法约尔概括的管理基本职能，我们得到了较为精准的管理概念：管理是指一定组织中的管理者，通过实施计划、组织、指挥、协调、控制等职能来协调他人的活动，使别人同自己一起实现既定目标的活动过程。那么，平台型组织中是不是也需要这样的管理职能呢？或者，我们该思考的是在平台型组织中管理的基本逻辑，还是在确定的管理流程中行使特定的管理职能？

带着上述问题，我们来思考平台的管理学意义。

1. 从管理的基本职能来思考

传统的管理职能多以流程作为基本的分析逻辑。举例来说，一个组织的管理活动在"控制"之前必定是先有"计划""组织"等职能的。当然，在日常管理活动中，管理的基本职能应该是跟随着管理流程以闭环行使的。在平台型组织中，管理的基本职能无论是内容、行使顺序还是指导逻辑，都发生了较大的变化。从内容来看，管理更多的是管控思维下的一般活动，也就是说，不管是对人还是对事，管理都包含了控制的元素，当然，这种控制是来自他人权力或职位的控制，而不是自我控制。平台型组织相较于传统组织在权力格局和组织层级的安排方面，都趋向于扁平。传统单一控制可能不会带来效率的提升和质量的提高。相反，管理者个人能力、认知水平的局限以及消费者和员工的自我发展需求，会使得这种控制带来负向影响。例如，管理者对市场信息认识不到位，又无法将消费者需求、员工需求与组织需求协调起来，仅仅通过自己的已有知识体系和认知水平来管理组织，那么：在组织内部就会引起员工的强烈不满，出现破坏组织发展的现象；在组织外部消费者会对组织产生负向情绪；组织整体将无法应对时代发展，最终被淘汰出局。

那么，平台型组织的管理与传统组织管理的区别直接体现在哪里呢？第一，平台型组织的管理对象实现了扩展，这种管理不再是传统意义上的管控思维，而是服务与引导思维，即能将参与平台运营的所有单元都纳入管理的范围，包括供应商、消费者及服务者等。第二，平台型组织管理逻辑下的管理职能行使由串行思维转变为串行思维与并行思维共同作用。这是由于传统组织对市场信息的把握程度相对较低，主要的管理过程是从生产阶段开始的。而平台型组织是消费拉动式的，在"计划"环节，平台型组织依托数据的强大作用实现了供需点对点的精准计划，虽然在紧急情况和突发事件下，还需要管理者根据实际问题做出计划，但是这部分管理职能已弱化。在"组织"环节，根据组织需求和市场需求，在数字化工具的辅助下，平台型组织可实现人力资源和非人力资源的有效组织，达到最优化的资源走向和效率提升。在"指挥"环节，平台型组织根据需求的分解，已经将生产和服务流程模块化分割，管理者发挥临时"指挥"功能的机会大大减少。在"协调"环节，平台型组织选择了更加精准的数据辅助，相关方各取所需、各尽其职，这也是平台型组织背后共同体逻辑所要求的。在"控制"环节，由于生产资料都是按需来组织的，生产的利益也是按照劳动多少来分配的，并通过数字化工具直接呈现，管理者和员工以及组织和部门之间的基本信任问题得到解决，"控制"环节也就没有那么重要了。

2. 从管理的逻辑来思考

平台中的管理多是基于整体论的，主要体现在运行的整体、利益分配的整体、发展的整体、命运的整体。运行的整体是指平台运行的各个环节是错综复杂和环环相扣的，每个组织单元除了基本功能外还有重要的链接功能，只有组织单元之间实现链接才能保证平台的运行。利益分配的整体是指平台运行所得的利益不再由企业来主导分配，而是根据每个人对整体的贡献进行分配。发展的整体主要包括三个层面：一是平台自身生存和社会责任的整体发展；二是平台中利益相关者的整体协调发展；三是员工生存需要和自我发展需要的满足。命运的整体是指员工与平台不再是简单的雇用关系而是合作型雇用关系，两者最大的区别在于员工和平台的关系虽然仍是从属关系，但是背后的基本逻辑是不同的，前者是员工属于这个企业，后者是企业和员工基于价值认同而平等合作。

3. 平台的管理学意义

组织结构上，传统管理以组织作为管控的单元，而平台的组织单元是满足需求的基本单位，具有自我管理和自我领导的特性。总之，从管理学视角看，平台在真正意义上实现了对事的管和对人的理，简单来讲，平台既关注了人的发展，关注了多方的和谐共生，也注重了事务（一般流程）的制度性和通明性。

2.3　平台的基本架构

1. 平台结构的发展阶段

传统意义上的平台可以作为生态系统来理解，而从平台传统架构来看，平台主要包括了前台和后台，在平台的初期发展中也包含了一部分中台的要素。平台结构的发展主要经过了轻后台重前台、重前台也重后台、整合发展三个阶段。

（1）第一阶段　在平台特别是电商平台初期发展中，更多地关注了前台的发展,以便为用户提供方便的操作界面、更多的界面服务、更舒适的观赏页面等,而对后台的数据处理加工不足。这个阶段在孙新波和张大鹏(2017)提出的互联网效用中属于"互联网 + 效应"的应用⊖。关注前台的目的是吸引更多的流量,后台只要维持住平台的日常运行就可以,不需要强大的数据处理功能。这一阶段平台的主要获利来自商家用户的佣金和部分广告收入等,商家参与平台是为了实现"薄利多销"。

(2)第二阶段　随着用户的增多,需求呈现多样化发展趋势。为了实现产品与消费者需求的精准对接,平台开始引入大数据分析功能。这个阶段各平台的前台设计不仅更趋向于人性化,比第一阶段更加模块化,还会按消费者的浏览记录进行精准推送。这种推送服务需要大数据技术的支持,体现了互联网强大的链接作用,对消费者与商户同时进行数据传递,实现消费者、商户间需求与产品的数据链接。

(3)第三阶段　互联网平台进一步发展,一个企业往往有好几个平台,平台与平台之间没有紧密的联系,造成成本增加以及各部分直接的衔接效率降低,直接结果就是企业很难实现业务的创新及平台架构的灵活性。在这个阶段,企业开始关注中台的发展。举例来说,一个综合性大平台具有多种业务单元,平台构建逻辑的差异使得不同的业务单元间联系较少,而中台的作用并不是支撑整体的大模块化,而是使得业务单元能够根据需求自主地解决问题,这些业务单元就是构成中台的核心要素。业务单元根据需求不断地拆解—组合—拆解,自然就解决了衔接与联系的问题。例如字节跳动公司,利用强大的中台能力,能快速开发出抖音、火山等 App,迅速抢占市场。

⊖　孙新波,张大鹏. 互联网效应分类及其理论内涵解析[J]. 商业经济与管理,2017
　　(8):28-38.

2. 平台的 "三台" 架构

（1）前台　前台的概念很好理解，大家都接触过与客户进行交互的网站界面（例如，电商平台与制造业企业自建商城）。当然，前台一直在发展，从一开始仅用于信息的分享到后来用于数据收集和数据加工反馈等。前台是平台的门户，能直接影响用户的消费体验和对整个平台的印象。

很多服务业公司的前台都具有优雅、温柔、有气质的特征，很明显，它们能给客户留下美好的印象，使用户对公司产生好感，只有这样才能顺利开展接下来的活动。平台中的前台也有这部分属性，即门户属性。如果类比于篮球比赛和足球比赛，平台中的前台就是中锋和前锋的角色，这部分人负责第一线的进攻，要想击败竞争对手首先需要这部分人进攻扎实、防守强硬。平台中的前台担当着同样的角色，既要吸引用户的持续关注和使用，又要防止竞争对手的冲击。从这个层面讲，平台的前台具有了攻防属性。在任一平台页面中，一定会有整个企业的不同平台之间的链接，比如淘宝的页面中出现了天猫、聚划算及天猫超市等平台页面的链接，这使得平台中的前台具有了链接属性。

门户属性。它具备三方面特点。首先，门户属性强调内容特点。也就是说，任何级别的网站，其前台页面中一定要包含内容，这些内容反映了平台的基本价值。其次，门户属性强调友好特点。友好特点主要体现在页面对于用户而言要方便使用、易掌握，以及色彩和排版布局合理。比如你去一家银行或一家酒店，如果你与前台的沟通不顺畅，那么你对该银行或酒店的友好程度会下降很多。最后，门户属性强调广告特点。这里的广告特点主要包括两部分：一是平台外企业想要通过平台进行产品和服务推广；二是平台根据销量进行排名。当然，这两部分广告特点会根据平台的性质有所侧重。总体而言，这些举措能帮助用户更好地了解自己需要的产品和服务，也能起到广告和激励的作用。

攻防属性。它有三个特点。首先，前台具有攻击特点。攻击特点体现在对自己的竞争对手上，如醒目的价格优惠政策、优良的产品展示及客观的产品评价等。攻防属性的攻击特点要与门户属性联系在一起，两者相互配合才能发挥更大的功效。其次，前台具有防守特点。防守特点体现在信息更新的及时性、敏锐性上，要及时根据竞争对手的策略采取行动，注意对不良信息来源的监督与管控，对不满意的评价要及时处理与沟通等。最后，前台具有平衡特点。平衡特点体现在平台不同模块的重要性，例如，在重大或特定节日的促销上，要注重有效信息的发布，而不要集体投放过多信息。

链接属性。它包括三方面特点。首先，可扩展特点是其重要的特点。前台是开放性的，能链接不同业务，满足用户的不同需求。其次，链接属性具有强大的搜索特点。搜索特点主要体现在可根据产品的特征、名称等精准、及时地搜索到用户所需要的产品。最后，前台在背后数据的支撑下具有推荐特点。推荐特点主要是指能根据季节、节日、用户浏览记录以及用户购买产品的属性向用户推荐可替代品、相关产品等。

（2）中台　作为平台型组织的一部分，中台是处于前台和后台之间的组织模块。

第一，中台的概念。有一种说法认为最初的中台概念源于 Supercell 游戏公司，这家公司早期只有 200 多名员工，每个游戏的研发团队只有四五个人，但是开发的游戏比较受欢迎。就平台的基本架构而言，该公司的前台就是发布的几款游戏，后台就是游戏产生的数据以及对数据的操作，而运用这些数据和开发这些游戏的制度、规则、架构就属于中台了。这就是"小前台，大中台"。

中台为平台发展提供了能力和服务。中台以需求为导向，业务单元中员工的绩效与其成果直接挂钩，这既实现了平台的发展，也激励了员工的自我发展。因为每个业务单元就相当于一个创业团队，以前是为平台服务的，现在是为自己努力的。Supercell 游戏公司的中台有两个主要操作特点：一是规则制定，就是设定评价业务单元成功与否的指标，以此考核业务单元；二是需求导向，所有的业务单元是根据需求而成立的，如果需求没有得到满足，那么业务单元就需要解散。

第二，中台的职能。中台为平台业务执行提供强大的服务和支撑能力。中台化架构是平台化架构的自然演进。一定规模的互联网或信息技术公司都可能有一个叫作技术中台的部门，这些公司中开展同一类型业务所需的基础技术和产品设施由对应的产品或研发部门负责，前台业务部门发现新的业务机会后，便会找技术中台部门，利用其相应能力以快速生产业务产品，因此中台的本质就是业务的支撑部门或资源中心。可能每一个平台化的企业都有一个中台，但是中台的规模如何、作用是否强大就另说了。中台的发展主要取决于中台的运作模式和规则，也就是说，取决于其背后的思想。我们认为中台的思想是基于共同体的，中台能彻底激发个体的积极性，同时实现个体与平台的共生发展。

第三，中台的属性与特点。中台犹如足球场上的中场，足球场上的中场进可参与进攻，退可参与防守，更能起到输送球与分配球的作用，可谓作用巨大。在整个平台中，中台也发挥着重要的作用。

由于中台要参与不同前台的业务开发与维护，因此为满足不同的平台需求，中台的组织结构要保持一定的灵活性，具有灵活性的组织结构才能实现与不同的需求对接。当某一需求得到满足时，组建的临时任务小组也会解散，小组成员会被分配到其他需求任务小组中，这样就保持了组织结构与需求对接的灵活性。

中台是对接多个前台的共享服务系统，需要无缝衔接到不同的前台，也就是说，中台需要将提供的服务标准化，不断细分，根据需求再进行整合。该标准也可被称为量子标准，中台具有标准属性。

　　由于中台最核心的思想就是为平台的整体发展、前台与后台的链接以及不同平台之间的整合提供服务，因此中台具有服务属性，主要体现在资源的提供、人员的安排、利益的分配，以及与平台发展和运行紧密相关的会员中心、商品中心、交易中心与支付中心等服务中心。

　　（3）后台　后台主要是指支撑整个平台运行的底层数据存储、运算、可更新的算法和逻辑，以及相应的软件、硬件。首先，平台业务的持续发生会产生海量的数据，为了保障平台业务的可追溯性，也为了后期能从这些沉淀的数据中挖掘出对产品改进、服务和管理提升有价值的信息，平台要拥有强大的数据存储能力，这推动了云存储技术的发展。其次，平台存储的数据量不断增大，数据存储要求更加有效的数据压缩技术。此外，数据价值的深度挖掘要求对大量数据执行运算，这要求后台有强大的数据处理能力。基于此，后台涉及的算法优越性、软件系统的可靠性都需要提升，分布式处理技术的发展给出了很好的解决方案，但是云计算实现过程中涉及的安全性风险仍需要得到更多关注。不同于传统软件后端的概念，在加入中台架构之后，后台不仅需要存储数据，还要完成规范化、程序化的计算功能，因此后台强调智能化。

　　总体来看，前台负责对外交互；中台负责业务处理，即对交互的需求进行划分，进而分配到具体执行的单元中，并由匹配的中台单元创新、创造并完成产品和服务包，通过前台反馈给外部需求方；后台负责响应中台发送过来的标准化指令，执行计算并将计算结果反馈给中台，以支持中台实现功能（见图 2-1）。因此，前台要求多元化，延伸平台识别和捕获需求的触角；中台要求数字化和灵活化，提高平台的业务处理能力和效率；后台要求智能化，快速响应大多数来自中台和极少数来自前台的运算指令。

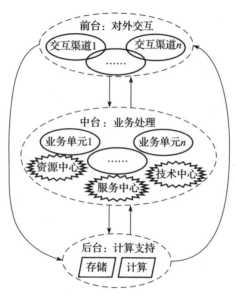

图 2-1　平台的"三台"架构

第 3 章

平台到哪里去

如何评价平台？平台在具体业务方面追求价值共创，在社会经济发展中追求稳健性，这也是平台发展为未来新型经济体的基本要求。本书认为构建平台是技术性问题，但让平台能高质量增长是社会性问题。本章首先解读了平台稳健性发展的重要意义，并提出高质量增长的发展追求。其次，结合平台实践发展和理论研究提出了影响平台稳健性的重要指标体系。最后，结合指标体系分析了平台发展差异化的主要原因。

3.1 平台发展的稳健性

以社会中的单个生产者或单个消费者为主要研究对象的竞争战略，已不能适用于平台这种新型的经济单元或经济体。波特的集中化战略帮助不少企业取得了成功，但对平台而言，集中化是不经济的，"多"才是平台产生网络效应的基础。阿里巴巴若只有最开始的 B2B 平台就永远不可能成为新型经济体。

另外，未来的主流竞争不再是单个生产者之间的竞争，而是经济体之间的竞争，比如视频号和抖音之间的竞争不再是两家短视频平台的竞争，而是腾讯和字节跳动两大经济体之间的较量。平台型经济单元或经济体如何保持可持续发展的竞争力将会是未来经济学和管理学的重要话题，也是本书关注的核心问题。

自 1999 年阿里巴巴上线以来，在我国范围内出现了几百个平台，它们规模不同，互相厮杀、彼此竞争。经过近些年的发展，已有京东、美团、腾讯、字节跳动、百度这些耳熟能详的大型平台脱颖而出。

纵观平台的发展，平台奉行的竞争武器只有一个——增长，通过资本的力量快速获取用户是平台发展的惯用方案，它们疯狂地追求交易总额的增长、生产者数量的增长、消费者数量的增长、商品数量的增长，各大平台动辄投入几十亿元的补贴来追求增长。

仿佛被困在了增长陷阱里，要么增长，要么死亡。然而，这是健康的增长吗？能够可持续发展吗？答案是显然的，没有质量的增长是极不稳定的，一个"黑天鹅"事件就足以让之前花费了无数心血和金钱的增长停滞。

不可否认，高速增长是帮助平台跨越低水平阶段、快速建立竞争壁垒的重要手段。没有高速增长，一个平台就只能停留在低水平的小型经济单元阶段，很难形成经济体，甚至会被其他经济体吞并。

平台的经济增长不仅要包括数量，也要包括质量，这才是长久之计。其实很多平台也明白一味追求短期增长并不符合长远利益，可是它们无法忽视财务压力以及与其他平台的竞争，互联网世界中的竞争非常激烈。但是在新的时代下，"有质量的增长"必将成为平台的重要竞争战略，也是平台实现稳定增长的重要工具。因此，平台需要主动实现由高速到高质的增长方式转变，将"有质量的增长"纳入平台战略，只有这样才能保证平台可持续的稳定的增长，形成"无限的游戏"。

3.2 平台稳健性的指标体系

为了更好地理解平台概念的演进，我们在梳理前人资料的基础上，从经济学和管理学角度给出了解释，这成为探讨平台稳健性指标体系构建的基础。平台稳健性指标体系的构建要从整体上把控平台对世界经济增长、国家发展、组织进步、人性激发等的作用，从不同层面上进行横向扩展和纵向延伸。为了更好地衡量平台发展水平和反映平台治理的效果，本章试图构建平台稳健性指标体系。首先，我们参考了郑称德等对平台治理国内外研究的综述结果，对平台治理效果评价的相关研究进行回顾。⊖其次，我们收集了大量互联网平台的数据，结合对平台核心企业的调研和理解，创造性地建构了整合认知视角下的平台治理效果评价体系。

尽管已有研究对平台治理效果评价体系的构建进行了讨论，但是系统性的探索不多见，特别缺乏对平台的整体把握，以及对平台发展的演进性考虑不足。不过，已有研究也为我们对平台稳健性指标体系的构建提供了有益的参考。例如 Iansiti 和 Levin 以生产率、稳健性和利基创造三个指标构建了平台健康度以测度平台治理的效果。⊖其中，生产率是指平台将技术或其他创新输入持续转化为低成本或新产品的能力，反映为投资回报率；稳健性是指平台相对于其他竞争平台面对外部冲击时其生态系统成员的存活率；利基创造是指平台通过创建有价值的功能或利基市场提高平台内业务或产品的多样性。Tiwana 等人从动态进化角度给出

⊖ 郑称德，于笑丰，杨雪，等. 平台治理的国外研究综述 [J]. 南京邮电大学学报（社会科学版），2016，18（3）：26-41.

⊖ IANSITI M，LEVIN R.Strategy as ecology [J]. Harvard business review，2004（3）：68-78，126.

了平台生态系统的五个评价变量：进化率、封套、衍生性突变、系统或模块的存活率、持久性。[⊖]其中，进化率是指平台、生态系统或系统中模块随时间演变的速率或强度，进化快的平台会取代进化慢的平台；封套是指平台通过封套吞并另一临近市场的平台，并以多产品捆绑形式提供其功能，比如苹果公司将游戏平台、浏览器、邮件和视频播放器等功能加入音乐播放器 iPod；衍生性突变是指平台产生功能异于父平台的子平台或子模块，衍生性突变与封套不同，它是平台调整的副产品，当平台范围拓展时，突变会产生一个迥异的衍生平台或模块；平台生态系统或系统内模块的市场优势和差异性保持的时间称为持久性。平台持久性取决于平台设计、平台治理和动态环境的匹配性，我们总结为以下四个方面：

1. 世界经济增量不断提高

平台作为世界经济的重要组成部分，衡量其稳健性要从平台创造的经济价值量和双边市场两个方面入手。一是平台创造的经济价值量，在这里用交易额（市场占有率）来代替。2019 年，全球电商零售额达 3.5 万亿美元，预计到 2023 年将达到 6.169 万亿美元，一个平台的市场份额从一定程度上反映了平台用户对平台治理成效的认可。二是要保持双边市场的活力，如果说平台的交易额从侧面体现出平台在市场中的活跃性，那平台在市场中活力的真正体现应该落脚于平台所带来的利润，利润率是衡量平台稳健性的重要指标之一，这也是平台企业之所以能存在的根本原因。有相当一部分的平台企业都在强调平台作为其商业模式的创新结果，利润率是平台商业生态的重要衡量指标。利润率反映了平台对资

⊖　TIWANA A，KONSYNSKI B，BUSH A A.Research commentary-platform evolution: coevolution of platform architecture，governance，and environmental dynamics［J］. Information systems research，2010 (4): 675-687.

源和能力的整合效率，一如过去企业对利润的强调，利润率同样可以作为平台治理效果评价的指标之一。

2. 国家发展的支持性作用

从国家的角度来讲，平台不仅要考虑对国家经济发展的支持，也要考虑平台的系统性发展。在对国家经济发展的支持上，要考虑平台对社会就业、技术创新及制度规范的影响，最直接的体现是人员流动率和技术制度创新数量。人员流动率关注的不仅仅是平台企业中的人员，还要包括与平台直接或间接相关的人员（用户、商家等），这都是平台稳健性的重要外显指标。我们将人员流动率视为平台开放程度的衡量指标，它包括合作伙伴流动和用户流动两个方面，这两个流动率数据均需要平台方提供。此外，关于流动性指标的确定，进一步地探讨可以参考企业人员流动率数据。技术制度创新数量主要关注的是平台的创新成果，技术主要包括了生产技术、管理技术等，制度创新主要包括了成本制度创新、利益分配制度创新等，这些指标既是平台稳健性的保障，也是平台稳健性的体现。在平台的系统性发展方面，主要考虑平台的"两率两性"，即存活率、进化率，衍生性、持久性。随着我国经济从高速发展进入高质发展，很多平台企业开始重视平台生态系统评价中的平台发展质量。但是，平台发展的质量仍旧是一个比较虚的概念，在平台治理效果评价体系的构建中需要被进一步细化。"两率两性"与 Iansiti 和 Levin（2004）提到的稳健性指标具有一定的重合，但单纯地以平台相对于其他竞争平台的面对外部冲击时生态系统成员的存活率来刻画平台发展质量并不完整。

3. 组织创新发展探索

一个新事物的创新避免不了波动性，平台的组织结构也不例外，要想评价平台的稳健性，评价平台的组织结构是重要的切口。一个平台要想具有稳定的结构，少不了内部的竞合与支撑平台运作的数据安全性。衡量平台发展质量的指标不仅包括外部指标，还包括从平台内部寻找到的合适的指标。对此，我们提出将内部竞争程度作为衡量平台发展质量的一个指标：平台内部竞争程度 = 平台合作伙伴总和 / 平台任务节点数量。这个指标用以描述平台同一任务的同质竞争的水平。同质竞争的水平越高，代表平台治理水平越高（完善性、公正性、透明性、业务量等），这体现了平台治理就平台合作伙伴的进入、任务摘取、退出、任务协同机制、价值分配机制等问题做出的努力。另外，平台经济的发展必然会产生大量数据，平台治理理应关注这些数据的安全保护，尤其是对用户隐私数据的保护。对于平台数据安全能力的衡量指标，参见杨东裕等对"智能可穿戴产品信息安全能力要求及评价方法"这一研究[一]。

4. 对人性的激发与保护

对人性的激发与保护主要体现在个体与组织角色的变化。人追求的是自由与自我，在平台的发展中，实现员工对自由和自我的追求，是实现平台高质量、保持稳健性增长的重要因素。员工与企业之间的角色和职能变化是平台企业与传统企业之间的重要差别。平台企业中，员工与企业之间的关系已经由雇用关系变为合作关系，员工的命运和企业的命运息息相关，员工和企业共同发展。通过对人性的激发和保护，实现员工、用户等利益相关者的需求，提高不同个体的满意度。如果用显现的指标来衡量的话，需要构建一个整体的满意度指标。这个指标需要关注并融合从平台中的服务者（个体）、生产者（个体）、供应者（个体）到用户（个体）的满意度。区别于财务指标，部分平台企业也有提及平台利

　　○ 杨东裕，张旭阳，谢浪雄. 智能可穿戴产品信息安全能力要求及评价方法 [J]. 信息安全研究，2018，4（11）：1017-1024.

益相关者（包括企业核心员工、合作伙伴、用户等）的满意度，但是平台治理效果的评价指标应该涵盖平台利益相关者的物质满意度和非物质满意度。

综上所述，从交易额（市场占有率）、利润率、人员流动率、技术制度创新数量、"两率两性"（存活率、进化率、衍生性、持久性）、内部的竞合、数据安全性、满意度八个方面来构建平台稳健性的指标体系，将平台稳健性指标 P_s 确定为以下的公式：

$$P_s = a_1 \times T_a + a_2 \times P_m + a_3 \times S_t + a_4 \times T_{ii} + a_5 \times SEDP + a_6 \times I_{cc} + a_7 \times D_s + a_8 \times S_i + \delta$$

式中，T_a 代表交易额（市场占有率）；P_m 代表利润率；S_t 代表人员流动率；T_{ii} 代表技术制度创新数量；SEDP 代表"两率两性"；I_{cc} 代表内部的竞合；D_s 代表数据安全性；S_i 代表满意度；$a_1 \sim a_8$ 分别代表每个指标在评价稳健性中的权重；δ 为误差项。

根据本书编者对平台的关注以及对平台实践人员的了解，对这八个指标的重要程度进行排序，依次为"两率两性"、技术制度创新数量、数据安全性、内部的竞合、满意度、交易额（市场占有率）、利润率、人员流动率。前三个指标的权重一般在 15% ~ 20%，中间两个指标的权重一般在 10% ~ 15%，最后三个一般在 5% ~ 10%，理论上这八大指标权重之和应该是 100%，考虑到平台发展的演进性，各项指标的权重在平台不同的发展时期和不同性质的平台上存在一定的差别，故有最后的误差项 δ。

3.3　平台发展差异化结果归因

平台是一个复杂系统，要想了解平台发展差异化的原因，需要结合平台的具体情况，但通常平台发展的差异化在很大程度上是由平台的稳健性决定的。因此，只有识别出每一个影响平台稳健性的关键要素，才能查找到平台发展差异化的原因。影响平台稳健性的指标是多方面的，有市场角度的、组织结构角度的、人性激发角度的、整合角度的等，不同角度指标的影响存在差异，多角度指标的影响更是会对平台的发展产生差别。需要指出的是，本书研究的平台是广义上的一般平台，对平台的主营业务和平台的性质都有所规避。

1. 市场角度的差异化结果归因

从市场的角度看平台的发展，市场占有率是一个重要的影响因素。无论平台是做什么的，是以什么样的形式出现的，平台的发展都少不了流量的支持，平台在市场上能否吸引大量的用户和商家影响平台的高质量发展。另外，无论平台是作为经济体还是作为一个企业参与市场的运作，绝大多数平台都以获利为目的，因此利润率是平台能否获得投资、实现发展的关键因素。当然，在利润的获取过程中少不了其他因素的共同作用，如平台中特有商业模式的运用、特定用户群的识别、特定服务的提供等。因此在平台的运作过程中，平台精准找到自己的市场定位，从挖掘市场机会、占领市场阵地开始，找到适合自己平台性质、主营业务的发展模式是至关重要的。

2. 组织结构角度的差异化结果归因

组织结构是平台高效运行的基础。近几年来，平台型组织、平台型企业都关注平台组织结构的建设，这是由于在平台的发展中原有组织形式较强的刚性，使得平台业务不能灵活应对市场的需求，而不能把握和满足市场需求的平台是很难存活和发展的。在组织结构方面，需要共同思考的问题是组织结构是为什么服务的，能提供什么，又能改变什么。平台组织结构对于平台的发展主要有三方面的作用：

- 提高平台人员的流动性。从组织外部来看，人员的流动性能维持平台的整体发展，不会因某些人员的流动而影响平台的正常业务。从组织内部来看，人员的流动性能保证员工到最适合自己的岗位上工作和发展。

- 平台内外部资源与需求的精准对接。平台型组织结构的创新在很大程度上实现了人力资源和物质资源的平台化，通过数据的链接作用，平台将需求与资源对接，减少了中间环节的时间和管理成本。
- 实现平台内部的优质竞合。组织结构的创新在很大程度上是为了将市场的机制引入平台的发展，优质的竞合体系需要灵活的组织结构来支撑，即实现不同组织单元之间的竞合，达到共同进化的目的，实现平台的稳健性发展。

3. 人性激发角度的差异化结果归因

平台发展的一个关键要素是能回归人本，激发出员工内心利义平衡的本性，充分赋能员工、助推平台发展。在平台中，人性激发的核心点是培养员工的责任意识和创新意识。员工只有将自身的发展与平台的发展紧密结合在一起，才能积极地以主人翁的身份参与平台的建设和运营。由于员工已经成为平台的拥有者，因此其会时刻将自身的发展目标与平台的发展目标整合到一起，实现自己和平台的共同发展。另外，激发出员工内心的创新动力，员工会识别出平台发展中的不足，以技术创新和制度创新的手段来应对。平台在硬件方面要不断进行技术研发，为构建运营效率更高、发展更人性化的平台打下基础。平台在软件方面要不断进行制度创新，从利益的分配、问题的解决、领导方式的改变等方面，实现平台制度与平台发展的互动耦合，以保障平台的稳健性发展。

4. 整合角度的差异化结果归因

不同平台间的发展差异化的原因是多方面的，首先要强调的是数据的安全性，平台稳定发展需要强大的数据支撑系统，数据支撑系统的关键则是以绝对安全的数据作为保障。得数据者得平台，数据安全性能保障数据处理的结果应用到平台的发展之中。其次，要关注平台的整体生态性，即要实现平台的"两率两性"。平台的发展是复杂的，不是单一因素决定的，因此要利用整合的思维，从多角度交叉思考的逻辑出发，将多个因素及其强度、关系梳理清晰，只有这样才能最终找到平台间发展差异化的原因。

第 4 章

海尔平台的稳健性发展

4.1 海尔的平台化

"企业平台化"是海尔集团（以下简称"海尔"）创始人张瑞敏在 2013 年海尔创业 29 周年纪念会上正式提出来的，旨在深度探索与落实 "人单合一"模式。提到"人单合一"就要从组织僵化这一难题说起。组织为什么会僵化？一方面是由于组织的不断发展壮大，组织刚性形成并严重影响了组织的灵活性，增强了管理者的认知惰性。另一方面是由于组织内部边界将管理者与被管理者割裂开来，组织外部边界将员工与消费者（用户）割裂开来。割裂的一个直接体现是双方形成了零和博弈，大家都在分享规模固定的"蛋糕"，而不去进一步地创造新的"蛋糕"；另一个直接体现是用户与员工无交流，市场调研的滞后性和准确性问题严重。

为了解决组织僵化的问题，2005 年海尔启动了"人单合一"双赢模式。经过十几年的发展，"人单合一"的含义经过了三个方面的递进演化：

- "人单合一"的原始含义，即员工与用户之间的匹配对接；
- 用户与需求的对接，即有多少个用户就会有多少种需求，将用户与需求对接，实现大规模的个性化生产，实现精准服务；
- "用户—需求—员工"之间的衔接，这种衔接方式将用户、需求与员工放到同一水平面上，基本形成平台的雏形。

　　"人单合一"模式消除了在员工满足用户需求时的管理者的过多干涉，打破了管理者与被管理者之间的零和博弈关系；"人单合一"模式也拉近了员工与用户间的距离，能做到"以用户为中心"，最快、最高效地满足各种市场需求。

　　"人单合一"模式的实施，使得海尔将用户、员工与需求放在了一个平台上（见图 4-1）。"人单合一"模式的初步实施，仍是单条"用户—需求—员工"线的平台化，没有形成不同用户、不同需求及不同员工的整合平台化。海尔很快就意识到这个问题，随后又以自主经营体、利共体、小微、链群等进一步构建平台。

　　在提出"人单合一"的构想之后，2006 年，海尔又提出了"让员工做大，让用户做大"的战略构想，进一步实现了"用户—需求—员工"链条的紧密衔接。如果把平台看成一个平面，那么用户、需求和员工就是点，多点形成了一条线，这就在新的战略构想下实现了多条线的整合，最终形成一个面。2006 年—2009 年，海尔又做了两件事来深化企业平台的建设，分别是"信息化日清"和"1000 天流程再造"。信息化日清不仅将日清信息化，而且在信息化过程中将员工的日清工作与企业发展目标、用户需求进一步连接在一起。流程再造主要涉及两方面：一是生产流程，当然也包括了物流与配送流程；二是组织流程（倒三角结构的形成与应用）。实际上，流程再造的核心还是离不开"人单合一"，只不过是更加具象和彻底地完成"人单合一"（见图 4-2）。

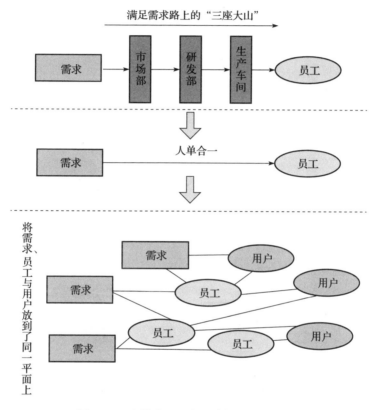

图 4-1　"人单合一"与平台雏形的关系图

在"人单合一"构想、"信息化日清"和"1000 天再造"提出之后，海尔将市场机制引入组织变革之中，产生了小微组织。小微组织的出现要追溯到 2009 年海尔在冰箱产品线和胶州市场做自主经营体样板中提出的"人人都是自己的 CEO"。在意识到放权带来的重大效果后，海尔在 2013 年开始推行利共体思想，并尝试提出小微组织模式。如果说自主经营体还是海尔内部的组织变革，那么小微组织已经开始尝试性地进一步放权，以小微的形式实现业务单元的拓展并与多元用户连接。在小微组织内部，员工可以参与决策，并且拥有用人权和分配权，所有的这些变化都预示着海尔和小微组织之间不再是企业与员工的雇用关系，而是一种合作关系。另外，海尔还会孵化小微组织，到 2014 年年底，海尔已经孵化了 200 多个小微组织。

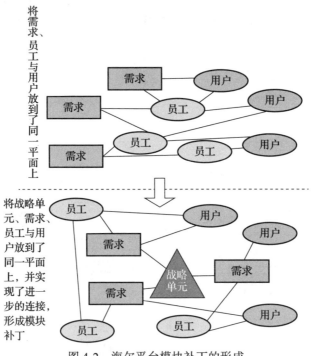

图 4-2　海尔平台模块补丁的形成

　　海尔雷神笔记本电脑的成功案例告诉我们，小微组织的出现发展了海尔的平台！以前海尔的笔记本电脑在功能上重点不突出，知名度远不及国内外其他计算机品牌，用户的信任水平也不高。雷神笔记本电脑的推出一方面激发了海尔内部员工的活力，进一步解决了组织僵化的问题，另一方面拓展了海尔的平台，彻底宣告海尔不仅实现了组织结构的转型，还实现了业务拓展的平台化。自从小微组织出现后，笔记本电脑业务也形成了一个平台系统，而且衔接到了海尔的整个平台发展之中。除部分

平台外，其他业务单元的平台之间也形成了衔接，最终实现了整个平台
的扩张和完善（见图 4-3）。

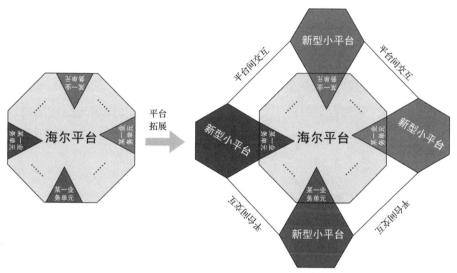

图 4-3 海尔的平台拓展之路图

近些年来，海尔的生态平台建设不断创新，在"人单合一"思想指
引下"三翼鸟"智慧平台落地。"三翼鸟"智慧平台不仅能提供阳台、厨
房、卫浴、全屋空气、全屋用水、视听全场景生态解决方案，同时还依
托智家体验云平台，连接用户、企业、生态合作方，创造因需而变的个
性化方案。"三翼鸟"智慧平台既懂橱柜设计又懂家电设计还懂装修设
计，还可以整合不同模块的功能，实现不同模块之间的最优匹配。"三翼
鸟"智慧平台被定义为场景平台，它能为用户提供场景解决方案，打破
了传统行业和产业的界线。这是智能平台距离生活最近的应用之一，"三
翼鸟"智慧平台为人们带来了一种"场景驱动创新"的新模式。

依托于平台发展，海尔注重生态品牌建设，提出"三自"和"三新"
曲线循环的新发展逻辑。"三自"是指自主人、自组织和自循环。所有员
工从原来企业中的被管理者变成自主人。员工成为自主人之后，制定自己

的发展目标，为了目标的实现而构建自组织。只有员工有了自主人的意识，才能真正打破科层制，才能发挥小微、链群的作用。自组织稳定运行后，作为自主人的员工会不断地变化自己的目标，但是基本的逻辑模式是不变的，根据员工的目标会不断地解体自组织和建立自组织，实现自组织的自循环。"三新"主要是指新模式、新生态和新范式。新模式的核心是员工开始从工业时代的自然人逐渐转变为物联网时代的自主人。新生态的核心是颠覆科层制，实现自组织的生态结构。新范式的核心是创造生态价值自循环的生态品牌，"三自"和"三新"曲线循环的新发展逻辑如图 4-4 所示。

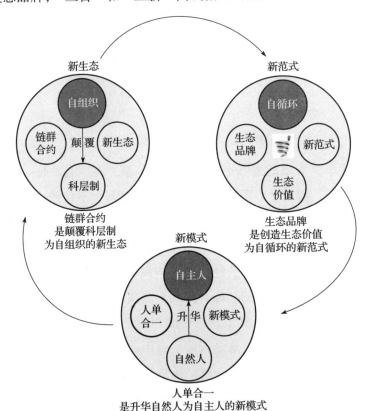

图 4-4　"三自"和"三新"曲线循环的新发展逻辑

资料来源：此图由本书作者根据第五届人单合一模式引领论坛张瑞敏演讲内容绘制。

4.2　海尔平台化的启示

1. 平台的本质

根据海尔平台的发展以及之前对平台的理论探讨，我们能直接地回答"平台的本质是什么"这个问题了。平台的本质具有以下特点。

（1）系统性：牵一发而动全身　系统性是平台的重要特点。平台可以被看成是一个生态系统，平台能自发运行、自发修复，同时自我进化、自我革新。一个组织的变革特别是像海尔这种大型制造业企业的革命性变革，更加体现了平台本质的系统性特点。海尔平台化的转型不仅仅是产品生产和组织结构的转型，要想彻底、持续性地实现转型发展，就要在整个系统内实现革新。例如海尔的人力资源部为了响应海尔平台化的组织结构、"人单合一"模式，发展成为具有"按单聚散"和"按单预酬"两个职能的平台。

这里简单介绍海尔的人力资源平台。什么是"按单聚散"呢？就是一切的人才与资源的聚集、分配与遣散都是按照"单"来的。"单"是什么？"单"就是需求！按照用户的需求来安排人才，聚集资源，在需求得以满足之后再把人才与资源遣散掉。这与小微组织又有什么关系呢？其实，只有这样的人力资源平台才能实现小微组织的顺利运营。按"单"形成创业团队，在创业团队中人人都是自己的首席执行官，这个创业团队就是小微组织。在这个过程中，小微组织的成立、人才与资源聚散的过程都是公开的，机制都是透明的，全程都是自愿的，这给了参与者足够的动力，实现自驱动。"按单预酬"是海尔分配权下放的重要体现，具体是指员工根据自身满足需求的程度与数量来获得报酬，一切都是"单"说了算，没有领导没有部门，也就是说，企业无法干预"酬"的分配，"酬"通过高单高酬、自挣自花等机制分配到小微组织内部员工身上，最终在"单"的串联下实现"员工（小微）—资源—报酬"中三者的一致与联动（见图 4-5）。

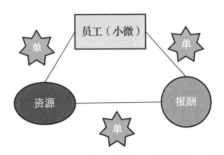

图 4-5　"员工（小微）—资源—报酬"的三者联动

当然，平台的系统性远远不止这些。平台的系统性与传统企业的系统性有什么区别吗？抛开结构与形式的区别，二者最本质的区别在于机制！如果说一个稳定的传统制造业企业是一个系统的话，那么平台就是一个高效的、驱动力强的系统。将平台比喻为自然生态系统，一个优良的系统能做到能量转换的效率高、自身的稳健性强、面临的风险小及内部循环更加畅通。制度的差异是平台的系统性与传统企业的系统性之间的本质区别。平台系统的简图如图 4-6 所示。

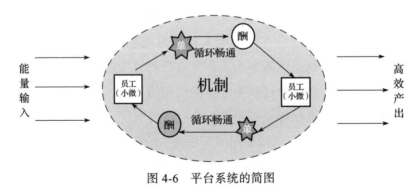

图 4-6　平台系统的简图

（2）服务性：大家好才是真的好　说起服务性，任何企业都能提供服务，不是平台才可以。但此服务非彼服务！首先，服务的范围不同。平台能服务员工、组织、合作者、用户等几乎与平台相关的所有单元。作为系统的一部分，只有服务任何一个单元才能保证整体平台的高效顺利运行。传统企业尤其是传统制造业企业更多的是服务用户，同时它与用户、员工、合作者等都保持竞争关系。没跳出零和博弈（有限的游戏）的怪圈，你多我少、你少我多的思维已固化在传统企业的发展中，这造成传统企业只能将更多的服务花在让自己获取更多利益的单元上。其次，服务的程度不同。传统企业的服务内容是以市场份额和市场的普遍需求为参考对象的，而数字化平台的服务内容是以满足用户多元化的需求为目标的。尽可能地满足用户的个性化需求，多一点，再多一点！这就使服务的程度不断加深。当然，在"单"的串联下，不仅用户的个性化需求能得到满足，员工的发展需求与合作者的需求都在尽可能得到满足，数字化背后的机制衍生出的最佳方案也能实现这一点。

（3）价值共创：授权赋能、多劳多得　平台的价值创造不是个体的创造、组织的创造，也不是企业的创造，而是以用户需求为牵引的价值共创。在价值共创过程中，平台的一个关键作用就是赋能！赋能不是赋予员工、组织某项能力，而是为员工、用户或组织提供激发自身潜力的机会、条件或环境。通过授权赋能激发所有参与者的积极性与潜力，在数据透明化的机制设定下，平台参与方能多劳多得。这是新时代解放生产力、发展生产力的革命性变化。

2. 海尔平台中的中台

海尔平台中有中台吗？答案是不仅有，而且其中台非常强大。海尔平台的前台提供各种产品，但是产品背后有着成百上千个小微组织，它们就是中台的一部分。中台还包括人力资源平台、资源分享平台等，为海尔平台的发展提供服务（保障海尔平台的顺利运行）以及提供满足前台发展需求的能力。后台数据的计算与分享，保障中台按照需求进行操作。海尔平台中的中台示意图如图 4-7 所示。

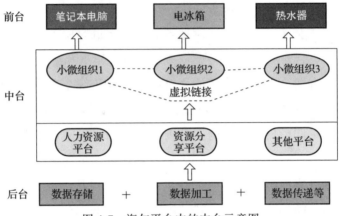

图 4-7　海尔平台中的中台示意图

3. 平台的未来发展

现在的市场上充斥着各种相似的平台，要推动平台的发展，除了实现平台的整体治理，还要利用中台彻底地解决平台的运行效率问题，激发平台中个体的潜力，也就是赋能！所以说平台的未来发展从结构上应更关注中台，从规则和机制上应关注数据赋能！

平台的未来发展还要注意平台自身的不断迭代和整合，海尔在近 40 年的发展中，不断地更新平台的构建逻辑。平台稳健性发展还要根据平台自身的构建特点，在平台发展逻辑的指导下，实现整个生态系统的治理与革新。同时，平台还要注重资源的整合，为生态建设提供创新路径。例如，海尔人单合一研究中心和东北大学孙新波教授团队成立了"数字辽宁"发展战略研究院，这不仅更好地实现了生态品牌的落地，还服务了特定地区，有针对性地建立数字化的地方服务体系，为整个地区的经济发展和共同富裕做出贡献，这也是平台发展的重大意义之所在。

PART 2

第2篇

平台的三大构件

平台稳健性发展需要三个方面的强大支撑：组织结构、人力系统和商业模式。平台和企业的关系是需要思考和着重审视的，一个平台中可以包含多个企业，一个企业又可以服务多个平台，一个企业又需要包含多个功能平台。平台与企业之间千丝万缕的关系需要明确地界定下来，平台和企业共同构成了商业生态系统，平台是商业生态系统的制度集，而企业是商业生态系统的结构单元。本书从生态系统的视角来审视平台的三大构件，也就是从中观视角来分析稳健性和高质量发展平台的基本要素（见图P2-1）。

平台作为一个制度集会形成新的企业运营环境，无论是构建平台的企业还是平台本身，都要在新情境下开发和构建适合自身发展的构件，平台型组织生态体系、平台人力资源管理和平台价值共创体系等都是必不可少的关键构件。

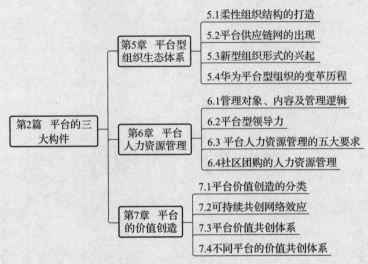

图 P2-1　第 2 篇的内容结构

第5章

平台型组织生态体系

平台型组织结构服务于整个平台生态系统，最大的特点是柔性化，在功能上则主要强调链接性。柔性组织结构该如何打造？平台供应网络该如何整合？这是本章着重讨论的问题。本章主要包括四个方面的内容：一是以柔性化为核心，探讨柔性组织如何构建；二是以链接性为核心，探讨供应链网如何形成；三是在柔性化和链接性指导下，讨论几种新兴的组织结构；四是介绍华为组织结构的实践探索之路。

5.1 柔性组织结构的打造

柔性组织的关键在于柔性，组织内外部环境发生的颠覆性变化，使得组织对柔性化的追求达到了空前的高度。

1. 柔性组织的缘起

柔性组织是指与动态竞争条件相适应的具有不断适应环境和自我调整能力的组织。我们观察和访谈过制造企业、软件企业、金融服务企业、咨询企业、政府职能部门等对象，也检索和学习了一些重要的期刊文献。我们认为，柔性组织的缘起可以归结为组织内部的个体相互作用形成的复杂性以及传统组织模式在新时代的不协调性，复杂性和不协调因素表现为：环境的快速变化、消费者需求多元化、组织员工的需求。

（1）整体环境要求——环境的快速变化　诸多企业家都认为商业环境存在不稳定性（volatile）、不确定性（uncertain）、复杂性（complex）和模糊性（ambiguous）。环境的快速变化导致传统组织的科层制弊大于利：一方面，自下而上的决策信息传递方式常常滞后，不能满足决策的要求，自上而下的决策命令传达方式往往削弱命令的有效性；另一方面，中间层级阻碍了命令端点与执行端点之间的有效交流，增加了交流成本，直接推动了组织探求可实时调整的灵活组织形式，即柔性组织。

（2）外部需求冲击——消费者需求多元化　组织需要面向自己的消费者进行创新创造，物质生活水平的提高使消费者有了更高追求。过去单纯的功能满足和有效服务就能获得消费者的认同，而今天消费者持续不断地强调产品和服务的品质，同质化的产品和服务渐遭淘汰，个性化产品和服务慢慢成为主流。消费者的个性化需求致使过去依托长期、同质需求的固定生产、服务组织形式无法存续，而可灵活调整规模与结构的柔性组织对此应对自如。

（3）内部员工诉求——员工的需求　组织的发展长期以来伴随着对人性问题的探讨，这也促成了不同视角下人性假设理论层出不穷，如经济人与社会人、理性人与有限理性人等，从侧面反映了组织一直都很重视员工。今天，绝大多数组织都认同其全体成员共同构成了组织的核心竞争力，甚至可以说员工的需求决定着组织何去何从。

组织的员工越来越关注更高层次的需求，工作于其而言，不仅仅意味着薪资，还有梦想、担当、情怀……员工内心深处都有这样的声音：做自己的主人！大家都想做自己时空和情感行为的主人，都期待创造价值、被认可等。要用动态的眼光来审视员工需求的变化，跳出来看待员工与组织的互动，不断调整员工与组织的和谐发展目标，只有这样才能满足员工的需求，形成员工与组织互相成就的良性循环。

为了给员工提供更加灵活的工作方式，传统的组织结构被瓦解，取而代之的是新的组织结构，这种新的组织结构必然要能很好地满足员工的需求。换言之，组织的组织结构要以人为本。

作为更加适合不稳定的环境、多元的消费者需求和员工需求的组织形式，柔性组织在企业实践中得以慢慢形成和发展。

2. 柔性组织的构建逻辑

柔性组织能很好地适应动态的环境，通过自身的结构调整，获得最优的响应能力，从而提高组织的效率和效益。其构建逻辑分为以下四个方面：需求导向的经营思维、组织成员标签化、平台型组织单元自管理、组织规则建设。

（1）需求导向的经营思维　组织要适应动态环境的变化本质上是为了很好地响应环境变化产生的动态经营要求。平台（或者其他任何形式的组织）要发展需求导向的经营思维，姑且称之为后发响应机制，由外向内地驱动企业经营以实现真正意义上的组织柔性。需求导向要做到数据化、实时化和标准化，唯有如此才能产生连锁反应。由内向外驱动的企业经营模式的难点在于产品和服务的推广，未来采取这种经营模式的企业会逐渐减少，这些企业要想生存下去就要转变为由外向内的经营模式。

（2）组织成员标签化　组织的灵活性在很大程度上体现在组织成员与组织单元的非永久隶属关系，也就是组织成员在各个组织单元中可自由流动。流动的驱动因素在于，目标组织单元对进入的组织成员的知识技能有需求，通过吸纳具有其所需知识技能的组织单元外成员，提高组织单元的能力，弥补原有知识技能空缺，从而保障组织单元能自如应对经营业务。柔性组织要求对组织内部成员的知识技能类别、水平等进行明确的界定和标签化，以便在组成既定的组织单元时能像搭建积木一样快速、准确地构建出符合既定经营需求的组织单元结构。这需要组织成员在"虚拟－现实"中拥有一对一的电子身份证，从而通过调度电子身份证，映射到现实的人力资源调配。

（3）平台型组织单元自管理　由于平台型组织的成员间没有明确的上下级隶属关系，并且面向经营需求构建的组织单元的唯一驱动是价值创造，因此在组织单元内部不再需要传统的层级管控，取而代之的是组织单元自管理。组织单元的成员在知识和技能上相互补充和加持，整个组织单元看上去就是一个完整的功能单位。而在经营过程中遭遇的经营难题也会通过协商的方式来解决。管理模式的转变会诱发新的领导方式产生，这也是赋能型领导、谦卑型领导等成为时下领导力类型研究热点的重要原因之一。具体而言，组织管理模式的转变，需要实现组织结构赋能、组织成员心理赋能和资源赋能。

（4）组织规则建设　组织单元自管理依赖于完善而透明、合情、合法、合理的制度规则来弥补剔除层级管理造成的空缺（层级管理还是有一定功能的，只是当下弊大于利），这些制度规则包括资源支配制度、考核制度、薪酬制度、流程操作规范等。只有完善而透明的制度规则才能确保组织单元的成员能按图索骥、自我驱动地去工作。当然，这种按图索骥不等于按部就班，制度规则只是指导方向，具体实施的过程需要赋能个体、尊重人性、鼓励创新。

柔性组织的构建逻辑如图 5-1 所示。整个柔性组织构建的过程就如同构建一整栋建筑，思维是底层的内容，而针对组织及组织成员的变革和管理创新如同整个柔性组织的支架，这种支架之所以能实现，依靠的是底层的应变思维导向和顶层制度规则的透明、合法与合情。

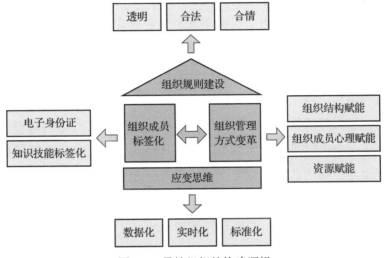

图 5-1　柔性组织的构建逻辑

柔性组织的构造过程就像写散文诗，要"形散神不散"——散的是组织结构的灵活拆解和组合，不散的是柔性管理思维、规则下的治理体系和赋能逻辑。

3. 平台型组织的构件

随着互联网经济向物联网经济的逐渐过渡，扁平化的组织已经不再为互联网企业专有，众多大型制造业企业开始通过打造平台型组织，追求企业与用户的零距离接触。海尔、韩都衣舍、三一重工等通过颠覆传统的金字塔式组织结构，打造出了适应当前环境的平台型组织，成功地搭乘上了组织变革的快车。

对于平台型组织的理解，专家们各持己见，例如，穆胜在《释放潜能：平台型组织的进化路线图》一书中详细阐述了平台型组织的构件，分别是精神底层、共享机制与资源洼地[一]。可以达成共识的是平台型组织通常具有柔性、敏捷性和灵活性等一系列与组织动态能力密切相关的关键性特征。通过长时间地跟踪和走访企业，我们发现平台型组织通常需要具备灵活性的有竞争力的组织单元，企业通常会打造一种网格化的组织单元。因此，本书将平台型组织的构件解析为以下三个方面。

（1）网格化的组织单元　网格化的组织单元实质上是一种自组织形式的组织结构，该结构的诞生极大地挑战了传统金字塔式的组织结构与科层制的组织管理模式。在规模经济时代，金字塔式的组织结构发挥了高效分工、集中管控和严格执行的组织优势，但其冗余的管理层次、烦琐的审批流程和信息不对称等问题成为数字化和知识经济时代制约组织创新发展的障碍。环境的不确定性与动荡性要求企业能及时响应，网格化的组织单元呼之欲出。在网格化的组织单元中，领导的角色由管控者转变为资源的提供者，深入实施赋能。在领导充分授权的前提下，组织结构的层级被打破，成员更多地以合伙人的姿态参与企业的日常经营管理，根据业务情况自由组合成组织单元，一个组织单元一般有 4 ～ 8 个成员，单元内部会有一名成员发挥领导作用，但该领导作用并不是传统的管控，而是协调成员更加迅速地响应市场需求，快速解决困难问题，更加高效地完成分工任务。网格化组织单元与金字塔式组织结构比较如图 5-2 所示。

（2）互利共生的组织观　组织的长期可持续发展建立在组织成员目标一致的基础上，组织成员目标需要紧密地与组织的整体战略相互匹配与契合，并且落实到每一个组织成员。值得强调的是，无论是组织的战

　　[一] 穆胜. 释放潜能：平台型组织的进化路线图［M］. 北京：人民邮电出版社，2018：73-83.

略还是组织成员的目标，都需要秉持互利共生的核心价值观，它是驱动平台型组织可持续发展的关键因素。所谓互利共生便是以利他为导向，通过发挥自身的优势，帮助其他利益相关者获得超额价值，进而使自身能在利他的环境中获得成长，实现自我增值。在组织层面，组织需要联合供应商、服务商和物流商等利益相关者，将它们真正作为陪伴组织持续发展的战略合作伙伴，形成目标一致、价值相符的共同体，核心组织需要以满足利益相关者的价值诉求为目的，以共同满足用户需求为纽带，建立和推进闭环价值创造网络的运行。领导与员工需要将"自利者生、利他者久"的观念贯彻到组织行为当中，坚持无死角地满足用户的现实需求，在成就用户的同时成就组织，在成就他人的过程中成就自己。

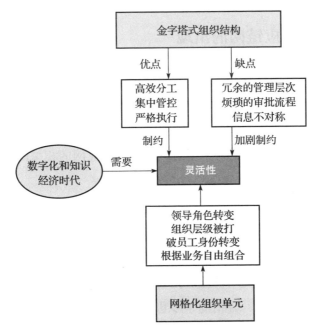

图 5-2　网格化组织单元与金字塔式组织结构比较

（3）量化共享机制　明确的量化共享机制是贯彻互利共生组织观、

打造网格化组织单元的保障。平台型组织的共享机制并非简单的利润共享，而是对组织成员和战略合作伙伴所需要的一切数据、信息、知识等资源的实时共享，利润共享仅是环环相扣的终端。无论是供给侧的研发、生产、供应资源，还是需求侧的品牌、渠道、终端、用户流量资源，只要是跟业务发展紧密相关的资源都需要在平台中共享，平台型组织内部的资源状态一定是动态、跨界和实时运转的流动性资源。

共享机制的关键在于能否为内外部需求者提供可以量化的标准，我们认为不可量化的都不能被管控，组织需要运用数字化等技术识别资源配置的动态过程，使得资源配置管理变得可控，明确资源配置的方向、数量，以及资源合理配置后的资源利用效率。

5.2　平台供应链网的出现

平台型组织不仅存在于企业之中，还存在于整个平台商业生态系统之中，以企业为单元的柔性组织结构设计仅仅是整个平台型组织的一部分。在平台型组织中，实现整体组织柔性的关键是整个供应网的强大支撑。接下来，我们将讨论平台型组织中柔性供应网的相关内容。

1. 从供应链到供应链网

平台的出现让过去的供应链逐渐被供应链网（供应网）的概念所替代，这种转变主要来源于结构形态和管理思维两个方面。

（1）结构形态转变　供应链是指产品生产和流通过程中所涉及的原材料供应商、生产商、分销商、零售商、用户等成员通过与上游、下游成员的链接组成的网络结构，也就是由物料获取、物料加工，并将成品送到用户手中这一过程所涉及的企业和企业部门组成的一个网络。

供应链本身就是一种网络结构，只是在人们惯性的思维里，"链"意味着单条线性结构。这种惯性的思维应该源于过去的商业体系缺乏集团型企业，小企业经营的业务范围较小（或是确定的单一业务），整个供应链体系涉及的合作伙伴不仅种类少，而且数量也很有限。整个供应链主要面向单一的需求进行产品制造和销售，并且为保障经营活动的稳健性，上下游合作伙伴间的关系往往比较稳定和紧密。它的逻辑如图 5-3 所示。

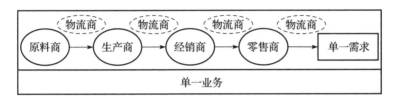

图 5-3　供应链单条线性结构的逻辑示意

今天，企业经营倾向具有较强风险抵抗能力的多元化经营，并且互联网信息技术的发展使企业有能力以更低成本去完成信息流、商流、物流、资金流的管理，为其汇聚多领域资源、开展多业务提供了便利，这促成了越来越多生态型企业的成长。当然，整体经营环境的快速变化也提高了企业合作伙伴的更新和替代频率。就合作网络中的核心企业而言，"备胎"的现象相较于过去更加明显。在平台商业生态体系中，企业的多条线性供应链相互交织、互为供应、互取所需，让整个供应体系呈现出了网络的状态。在相关研究中，研究者更倾向于把这种供应网络称为"供应链网"。供应链网的结构逻辑如图 5-4 所示。

（2）管理思维转变　供应链单条线性结构的业务形态依赖的是链条上合作伙伴间稳定的合作关系，这种关系是一种"强关系"。强关系强调稳定，必要时企业可能会选择牺牲效率和效益。这种关系常常会伴随着企业的"义"行为。链条上核心企业在维护与其他合作伙伴间的关系时，通过在合作过程中获得绝对的话语权来实现对合作关系的主导与管理。

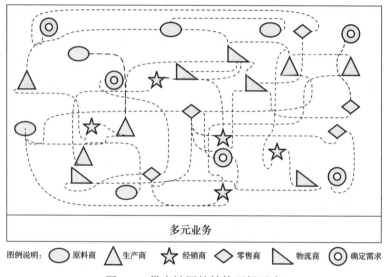

图 5-4　供应链网的结构逻辑示意

供应链网的结构则依赖于网络中合作伙伴的多重互动关系,这种关系是一种"弱关系"。弱关系强调效率,在合作网络中,不再关注相互间的长期合作,而会以单次收益最大化为导向。供应链网中合作伙伴间的合作关系会基于既定的需求而即时产生,伴随合作业务的完结而解除。这种关系通常伴随着企业的"利"行为。网络中核心企业在维护与其他合作伙伴的关系时,会更多地征询其他合作伙伴的意见,推动网络生态的共同治理。共同治理(共治)在某种程度上会汇集网络的群体智慧,并且将群体智慧以网络规则、制度的形式贡献到供应链网的价值共创与共享过程中。

总体来说,由供应链到供应网,由过去侧重单条链的线性到现在更加侧重多条链的网性,这种转变来源于经营环境的变化,是环境因素诱发的供应逻辑变化。

2. 供应节点的数据链接

平台的开放和包容带来的链接属性便是平台的价值所在。平台的链接得以实现依赖于平台网络，而在平台网络中流转和交换的是数据（包括信息和知识）。换言之，平台价值的产生是数据链接的结果。

（1）良好的平台数据交互机制是基础　平台对节点资源的链接要以数据交互机制作为基础，数据交互机制关注数据在节点主体间的交换、流通逻辑，好的平台数据交互机制能提高平台节点资源和能力的整合效率，为平台用户提供更加优越的价值创造环境和条件，进而为平台用户提供更加高效的服务。因此，平台网络节点的数据链接需要构建良好的平台数据交互机制，提高整合信号的识别率和响应性，降低数据在各个节点交换和交流过程中的延迟。

（2）节点资源与能力的数据化与标准化是前提　节点主体在参与平台价值创造的过程中，需要在既定的平台规则和机制下将自身的资源和能力进行数据化和标准化。只有平台网络中各节点的资源和能力实时在线，并且流入平台网络的需求能被识别，才能即时地参与整合。究竟什么才是数据化和标准化呢？不同的平台网络中，具有不同的编码体系，但逻辑都是相通的——在既定的平台规则体系下，对现实线下的资源和能力进行标签化并将其联网，实现现实到虚拟的映射。在这个层面上，平台的规则体系是解锁平台节点资源的关键，没有一整套完善的规则和体制，平台网络的节点资源和能力就会陷入混乱，对需求无所适从，进而回归原始的低效整合状态。

（3）需求的数据化和标准化是关键　平台网络节点资源和能力之所以能即时参与价值创造，是由于其依赖于需求数据的驱动，是数据驱动的价值创造过程的部分内容。只有当平台网络接入的需求能被平台网络节点的主体很好地识别，平台才能根据需求做出相应的反应。因此，平台对用户需求的数据化和标准化能力是平台节点数据链接的关键所在。

（4）数据沉淀与挖掘能力能最大限度地释放数据的价值　平台在价值创造过程中会产生大量数据，借助庞大的数据储存能力对历史数据、交易数据、交互数据、主体属性数据等进行沉淀，通过数据挖掘技术，实现对沉淀数据的二次、多次挖掘，释放数据潜在的价值。由孙新波等对数据赋能的定义"创新数据运用的场景以及技能和方法实现数据价值的过程"⊖可知，平台沉淀数据的价值是无穷的宝藏，不同的场景、技能和方法都将会产生新的价值。

（5）主体隐私的规避是底线 平台数据的产生依赖于平台的价值创造活动，而平台价值创造过程必然依赖于平台的参与，而很大部分的平台数据都会涉及平台价值创造活动参与主体的隐私。其安全问题不仅来源于外部威胁（例如，黑客入侵造成的隐私数据泄露），还受到平台内部运用的威胁（例如，员工的不当使用及恶意外泄，受数据商业价值的诱惑而滥用用户隐私数据等）。平台对平台用户隐私数据的保护不仅依赖于相关的法律法规，还需要平台企业具有良好的企业商业道德以及平台企业内部员工具有高素质。因此，平台网络节点的数据链接不能随意产生，需要被置于法律、道德与伦理限制的既定范围之内。

3. 平台供应链网的创新激励

（1）平台创新制度与平台创新文化的关系 平台创新制度会刺激平台主体的创新行为，进而对平台的良性运转产生正向积极的影响。而平台创新文化和制度一样也能对平台价值创造活动参与主体的行为进行引导和约束。同时，强有力的平台创新制度可以引导并形成一定的平台创新文化，即特定的文化源于特定的制度。

平台制度变迁在平台价值分配及协调中起调节作用。只有创新平台治理规则，重塑平台各方主体的关系，加快市场化进程，同时推进意识形态等非正式制度转变，才能为平台的协调发展提供良好的激励与约束

⊖ 孙新波，苏钟海，钱雨，等. 数据赋能研究现状及未来展望［J］. 研究与发展管理，2020，32（2）: 155-166.

机制，进而推动平台均衡发展战略目标的实现。

平台网络通过设计适宜创新的制度可以：

- 吸引创新主体的入驻。平台创新主体主要是指平台合作伙伴，这对孵化型平台而言尤其明显。平台网络依托平台在发展过程中与相关企业的协同发展，包括纵向的上下游合作商和横向的合作伙伴，通过创新主体的协同效应形成创新文化链。
- 引导创新企业与高校、研发机构及其他互补企业形成战略联盟，通过联盟效应形成平台生态创新文化网络。
- 辐射平台外延，聚集创新资源，实现创新文化的跨界联动。通过文化链条、文化网络和文化跨界联动的共同作用，最终形成适宜创新的平台文化。

综上所述，平台创新激励制度推动形成平台适宜创新的文化机理，其逻辑示意如图 5-5 所示。

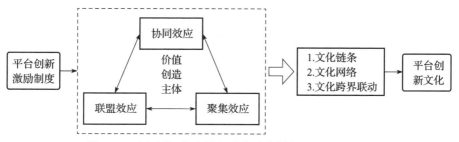

图 5-5　平台创新激励制度形成平台创新文化逻辑示意

（2）平台创新文化与平台创新绩效的关系　平台合作伙伴是平台价值创造活动的参与主体，其通过资源和能力供给的整合有效匹配平台用户的需求而创造价值。创新对于平台创新效能的重要性已经被广泛接受，平台核心企业的创新有助于激活和提升平台整体创新能力，平台合作伙伴间的整体协同创新也有助于平台生态的持续发展和繁荣，价值创造方式创新、技术创新、平台商业模式创新等都依赖于平台合作伙伴的参与。

　　此外，人力投入相对于研发投入等其他投入而言，更能持续刺激平台创新。而经济发展是由作为经济活动主体的人来完成的，人的经济行为受文化的引导和制约。平台文化能塑造平台创新主体的创新文化素养、底蕴、意识、精神及境界。通过设计良好的平台淘汰机制，不断吸引具有创新能力（包括创新资源）的外部企业加入，不断优化平台生态主体的结构。通过包容的创新创业文化，促进平台各主体争相创新，结合外部需求和资本选择对平台项目进行筛选过滤，调整平台的业务结构，使之更加有利于平台的发展，提高平台创新绩效。与此同时，平台创新文化催生了新兴的价值创造模式和平台管理模式，打破了僵化的平台经营体制机制，推动了平台面向需求进行价值创造和创新。

　　通过以上分析，梳理出平台创新文化促进平台创新绩效的作用机理，如图 5-6 所示。

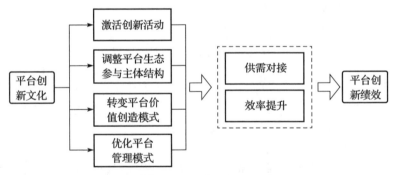

图 5-6　平台创新文化促进平台创新绩效的作用机理

　　总之，平台的良好创新激励制度能引导形成良好的平台创新文化，平台创新文化通过作用于平台价值创造的主体，引导这些主体的创新行为，并且提高其创新创造能力，协同平台其他参与主体的资源和能力优势，提高平台整体的创新绩效。

5.3 新型组织形式的兴起

这里，我们选择并介绍三个典型的柔性组织，分别是海尔的小微组织链群、酷特智能的家庭式细胞单元、京瓷的阿米巴经营组织。

1. 海尔的小微组织链群

正如彼得·德鲁克在《21 世纪的管理挑战》一书中所言，放弃昨天，是变革的第一原则。环境不确定性加剧、科技创新加快、全球化不断深化发展的今天，企业的组织结构、管理机制和运行模式无时无刻不在发生着悄无声息的改变，组织变革成为这个时代的热点，几乎所有的高新技术企业都在探索组织变革的路径。诚如张瑞敏所说，没有成功的企业，只有时代的企业。有些组织在经历了短暂的辉煌后便烟消云散，有些组织却在艰苦卓绝中浴火重生。事实证明，处在动荡不安的时代，变革将是组织的唯一常态，也是组织长盛不衰的使命，组织变革要符合环境变化的趋势，更要融通组织存在的意义。

海尔在组织变革方面的经验值得其他企业学习和借鉴。历经 30 多年的发展，海尔先后启动六次战略变革，引发四次大型的组织结构调整，并打造以"链群"为核心的社群式组织结构。下面将为大家探索链群的起源与结构。

（1）链群的起源 组织管理理论的众多研究一致认为，组织变革随着内外部条件的变化而发生动态演变，通常受到内部绩效、竞争对手的意外行动、技术创新以及新需求等一系列事件的共同驱动。技术的发展改善了人类生活品质，企业获取价值的载体发生了明显的改变，从传统经济时代产品的功能与质量，过渡到互联网经济时代的网络流量，如今发展至万物互联时代与用户的持续性交互，个性化定制体验成为物联网技术指引下时代需求的引爆点。

海尔确立了打造生态品牌的发展战略，旨在为用户创造极致的个性化体验。小微组织让员工自身的价值得以释放，在"人单合一"的机制设定下，员工与用户的价值紧密结合，企业、员工与用户成为真正意义上的合作伙伴。随着组织变革实践的不断深入，海尔的小微组织规模迅速扩张，据不完全统计，2019 年年初海尔已经产生近 800 个小微组织与 4 600 个节点小微。当小微组织的规模拓展到一定量级后，企业内部的竞争随之加剧，组织管理内耗加重，同时小微组织是基本的创业单元，权利自主性使得各小微组织极易各自为政，最终脱离围绕用户创造体验价值的初衷。因此，链群发挥着方向性指引与能力聚合的作用，其实质上是根据实际的社群用户需求将众多独立运营的小微组织聚集在一起，进化成目标一致、利益共享的团体。链群一方面能打造良好的用户体验生态，另一方面则可避免利益攸关方因为利益冲突而产生系统分裂。

（2）链群的结构　链群是以多元化的小微组织为结构主体，以"人单合一"为支撑，以社群交互为前提，以增值分享为黏合剂，以创造用户的生态体验价值为核心的自组织结构。小微组织仍是链群的基本单元，同时链群需要围绕社群建立起实时动态交互的生态圈，这是因为社群作为集成用户共同体验、兴趣、爱好、品牌认知的群体，是捕捉用户个性化需求、生成需求生态知识图谱的基础。海尔链群的结构分为两大类：一是创单链群，主要由研发、生产和制造端小微组织组成；二是体验链群，主要聚焦于用户端的小微组织，更加强调与用户的及时交互。两者共同决定了用户体验的迭代升级。每一个抢单进入链群的小微组织都需要明确地界定自身所扮演的在链群中的角色，小微组织的角色可以交叉重叠。链群合约生态图如图 5-7 所示。

（3）链群的两大核心驱动机制　链群的运行由两大核心机制共同驱动。一是链群的自驱动机制，链群本身是以小微组织为结构主体的自驱动、自适应的灵活性组织，在小微主体运行机制的基础上（用户付薪、智能合约等），链群在服务终端用户的过程中无须经过任何流程审批，直接自主决策，在"三权"（用人权、决策权、分配权）下放的同时最大限度地简化和赋能服务体验流程，提升链群整体的协作效率。二是链群的增值分享机制，该机制吸引和整合不同小微主体形成自组织、自运行和自适应的激励机制，在链群中的所有利益攸关方根据事先协商好的价值分享原则进行最终用户递增收益的分享。链群中的所有成员都可以共同创造生态价值，并从生态收入中获益。

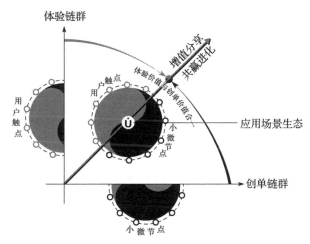

图 5-7　链群合约生态图

资料来源：2019 年张瑞敏"链群共赢进化生态"演讲。

（4）组织变革不变的原则：激活人性的价值　彼得·德鲁克曾指出，组织存在的意义是让平凡的人做出不平凡的事。从自主经营体到小微组织，再到链群，海尔在组织变革的道路上似乎从未止步，也似乎永远都不会止步。实践也证明，时代发展需要具有结构灵活性与模式开放性的组织。我们能从海尔组织变革的案例中捕捉到组织变革的核心准则，那便是海尔始终坚持实现人的价值最大化，从海尔组织变革的过程中，能清晰地看到人性释放与满足的缩影，始于"以用户为中心"，经历"人单合一"，使员工与用户价值相一致性，再到现在与一切利益攸关方的价值分享，看似简单的管理思维却需要规范的组织运行体系来实现。总体而言，无论其他企业是否愿意借鉴海尔的经验，不可否认的是它确实为理论和实践界做出了巨大贡献，能为诸多在转型期间面临困境的平台型企业提供参考。

组织变革就是一个不断直面问题、解决问题的动态过程，这个过程涉及组织结构、激励方式、惯例、人员关系等的动态调整，但无论怎样变化都不能不以激活人性的价值为根本，这不仅适用于当前平台经济的大背景，而且是能彻底突破一切时间与空间限制的普适性准则。

2. 酷特智能的家庭式细胞单元

酷特智能成立于 2007 年，它的前身是青岛红领有限公司（简称红领），红领成立于 1995 年，是青岛当地一家生产服饰的传统企业。进入 21 世纪后，改革开放的脚步不断加快，我国传统服装制造业逐渐由盛转衰，在电子商务兴起的冲击下，传统服装制造企业利润极低，举步维艰。2003 年，红领踏上转型升级之路，用 3 000 人的工厂当实验室开启服装大规模定制的探索之路。经过多年转型实践，酷特智能在服装个性化智能定制领域摸索出了一条自主创新的发展道路，形成了独特的核心价值，产生了良好的社会和经济效益，销售额实现了年几亿元到几十亿元的增长，订单遍布全球，出口占比从 10% 提升到 90%，效率从三个月完成一单到七天完成一单，奠定了其作为世界智能制造领先企业的地位。

酷特智能在转型之前与其他传统服装制造业企业情况相似，即低信息化、低自动化。其在转型过程中，投入约 3 亿元对企业进行互联网转型及信息化建设。在完成转型后，酷特智能打造了世界领先的智能制造工厂，成为服装制造行业的佼佼者。酷特智能转型成功的案例不仅吸引国内中小企业的关注，美国、德国等一些发达国家的企业也来参观学习。

2018 年，酷特智能与施华洛世奇等国际知名品牌商建立合作伙伴关系，实现跨领域的双向融合发展。据酷特智能内部资料统计，每年来公司参观学习的高达 5 000 人次，公司从中盈利 2 500 多万元。

（1）酷特智能的转型变化　酷特智能进行互联网转型过程中有三个主要的变化。

第一个变化是酷特智能进行了自主生产流程的改变，它改变了整体的组织结构。在未采用互联网技术之前，酷特智能董事长就已经意识到数据的传递作用。最开始的做法是利用布条和纸条进行数据的收录和传递，以此产生增值效应。在这一过程中，员工的积极性普遍不高，而且领导和员工之间的关系过于复杂。酷特智能董事长说："一个班组长管了 50 个人，有 10 个人和他关系好，这 10 个人希望通过关系从他那里捞点好处，比如干点轻活、多挣点工资和工时，这造成的结果就是引起了其他 40 个人的强烈反对，就形成了这 40 个人全部和他对着干，自然而然形成一个对立的关系。"在了解了这种关系之后，酷特智能董事长做出了调整方案，他说："为了应对这种局面，我们创新了一个管理模式——家庭式的细胞单元。何为家庭式的细胞单元？就是一个家的运行是复杂的，里外的各种事情，并不简单，但是家庭没有投票也没有选举，就会有一个领导，不用再花费单独的时间就把这个家庭治理得很顺。每个家庭没有企业中的这种领导，它也可以治理得这么好，我们每个车间有 340 个人，6 个班组长，每个班组长管 50 多个人。他如何像管理家庭那样管理自己的班组呢？这就是我们要解决的问题。另外，家庭式的细胞单元一定要像一个细胞单元，有了问题之后可以自进化和自净化。"

第二个变化是酷特智能通过打造数据节点的方式取代了企业的部门，同时，利用互联网技术实现了供应链向供应网的转变。正如新动能治理工程研究院执行院长、酷特智能工程系统总经理李先生向我们介绍的："数据就像我们手臂的动脉，当心脏将血液挤压到手臂的动脉时，五个手指是同时获得血液的，数据也是一样，从消费者那端获得数据后直接通过平台传递到共赢的网络中，所有参与者都会依据数据做出精准的决策，进行整合运营。"数据的传输与使用也都是以家庭式细胞单元作为支撑的，每一个细胞单元都是由用户需求转化的数据串联和驱动的。

第三个变化是酷特智能员工的发展和幸福感得到了显著提升。由于采用了新型领导模式，员工的工作任务不再由领导分配，而是由收集到的数据所驱动。用酷特智能员工的话来解释："我们其实就是自己给自己打工，只不过企业给我们提供了一个工作的平台。"总体而言，酷特智能的员工拥有了自我发展的机会并且幸福感都很高。

（2）酷特智能的家庭式细胞单元　家庭式细胞单元与用户需求的对接，其基本构造如图 5-8 所示。企业通过线下、App 等方式收集数据。收集的数据是用户需求的精准体现，为了能更快、更好地满足用户个性化需求，不断将需求进行分解，直到细分的需求能在一个家庭式细胞单元中得到满足。

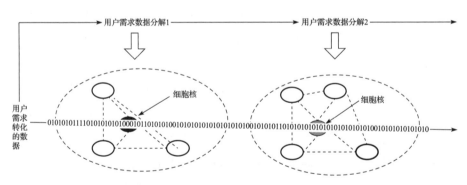

图 5-8　家庭式细胞单元与用户需求的对接

注：细胞核是细胞单元的自发领导者，起到链接整个细胞的作用。

家庭式细胞单元、节点与供应网的对接，其基本的构造如图 5-9 所示。每一个家庭式细胞单元完成的任务量、使用的原材料量、消耗的资源量等都能通过数据呈现出来。由于数据的呈现结果是实时的，因此家庭式细胞单元的任务完成情况、原材料使用情况等直接在后台呈现出来，这种后台的数据直接在数据节点的组织结构中呈现，直接发送给供应商与服务商，以最快的速度实现原材料的及时供应和成品的及时发出。

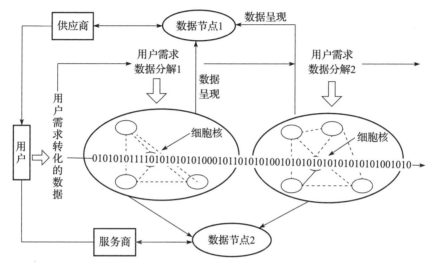

图 5-9　家庭式细胞单元、节点与供应网的对接

　　家庭式细胞单元的问题解决有一个严格的程序，就是特有的强组织。强组织不是一个固定的组织部门，而是根据企业发展的需求临时成立的。当家庭式细胞单元在组织发展过程中出现了新问题时，就需要上报企业，企业会根据问题的特殊情况成立强组织。强组织的成员是由以前的职能部门经理（后来转化为流程经理）、专家、细胞核成员等组成。强组织最终会提出一套完善的解决方案，该解决方案最后以制度安排的形式形成问题解决的最终办法。

3. 京瓷的阿米巴经营组织

　　阿米巴经营理念源于日本经营"圣手"稻盛和夫，阿米巴经营系统包含三大模块：经营哲学、经营组织和经营会计。阿米巴经营组织强调：

- 从内部培养出优秀的组织成员以分担高层领导的管理职责；
- 清晰划分组织单元，形成责任明晰的功能性组织单元，每个组织单元都具有独立而完整的功能，组织单元间独立经营、自负盈亏，实现内部市场化；
- 赋能组织单元（阿米巴小组），在组织单元内部推行自管理，激发员工的自主性、积极性和创造性。

此外，阿米巴经营组织的精髓在于让内部的组织单元能像阿米巴原虫一样根据生存环境进行分裂和组合，通过灵活的组织规模扩大和缩减来提高组织的灵活性，进而能更好地满足环境变化对组织单元动态能力的需求。总体而言，阿米巴经营组织的优势在于激活组织、提高组织活性、提高经营效率、降低运营成本，因为处在一线的组织单元比企业中其他单元更清楚自身情况，更容易识别需要改进的问题，以确保改进工作的有效性。

阿米巴经营组织是一种自组织经营哲学在整个价值链上的落地实践形式。阿米巴经营组织需在公司经营理念、经营远景规划、中长期经营计划统筹引领之下，将组织经营目标层层分解到不同阿米巴组织单元上去，以此提高员工的积极性、降低组织经营风险、增强组织灵活性和市场应对能力。在阿米巴经营实践中，组织整体上可以看成是最高一级的"阿米巴经营单元"，它是以全组织年度经营计划为引领的，统筹安排组织层面的经营管理部门，各部门根据经营计划，制定经营目标，独立核算，自负盈亏。在部门内部又可以继续划分阿米巴经营单元，这部分阿米巴经营单元叫作微事业经营单元。在该单元的运营中，以部门经营计划作为指引，继续分解部门的经营任务，微事业经营单元根据目标和任务独立核算、自负盈亏。在部门内部的微事业经营单元内部仍要继续细分经营计划和目标，形成更加微小的"阿米巴经营单元"，一般被称为细胞经营单元，稻盛和夫称之为"阿米巴小集体"，在阿米巴小集体中仍遵循阿米巴经营组织的哲学逻辑，不断地细分经营计划和目标，独立核算，自负盈亏。

近年来，国内掀起了学习阿米巴经营模式的热潮。国内诸多管理咨询公司也提供阿米巴经营模式的咨询和培训业务。在实践层面，很多行业的企业包括金融、信息科技、生产制造、营销等类型的企业，都在探索阿米巴经营模式的本土化路径。但现实中，企业采用阿米巴经营模式的效果不甚明显，最为普遍接受的原因是阿米巴经营系统是经营哲学、经营会计和经营组织三合一的整体，三者之间相互支撑、互为辅助，只有在企业实践中将三者同时落实到位才能确保阿米巴经营模式的成功，而很多实践企业并没有能力（必须得到最高领导全力贯彻）全方位地对企业经营管理体系进行颠覆式的变革。其中，就实现阿米巴经营组织而言，最明显的是阿米巴经营组织要求的授权赋能在组织变革中常常会遭遇高层领导的阻挠，这种阻挠来自高层领导对权力被削弱的反抗。换言之，国内阿米巴经营模式的实践还处在探索阶段。

企业平台化发展，无论是自己成为平台的核心企业（也即平台的构建者和管理者），还是加入其他企业创建的平台生态中，都要求企业的组织在灵活性、自主性、创新创造性等方面得到提升。小微组织、链群组织、家庭式细胞核组织、阿米巴经营组织等新兴的组织形式正是迎合了这种趋势才得以在企业组织变革中大放异彩。但应该考虑的是，企业组织变革的成功既要求组织架构适当调整，也要求企业在经营理念、财会体系、业务流程等多方面实现转型。同时，国内诸多企业实践已经验证员工持股计划、差额利润分配等激励措施都能支持企业组织变革。组织变革只是手段，企业依托灵活、高效的组织在价值创造过程中创造更高、分享更多的价值才是这些新兴组织的真正目的。

5.4 华为平台型组织的变革历程

1. 华为的平台型组织

华为是一家全球领先的信息与通信基础设施和智能终端提供商，华为的愿景和使命是致力于把数字世界带入每个人、每个家庭、每个组织，构建万物互联的智能世界。华为创建和发展壮大的过程中，组织结构的平台化转型起到了巨大的支撑作用。华为的组织结构发展大概经历了四个阶段。

第一阶段是直线型组织结构。它是初创型企业最常用的一种组织结构，这种组织结构适合员工数量较少、相对集权一点的组织。华为在成立之初只有 6 个人，这 6 个人还没有具体的头衔，更不用说有什么组织结构了。到 1991 年，华为的员工人数已经发展到了 20 多人，开始有了分工，逐渐有了部门的雏形，自然而然形成了直线型组织结构。不过，当时所有员工还是直接向创始人任正非汇报工作的，避免了因为权力的分散而造成决策的效率或质量低下。一年之后，华为的员工数量一下子增加到 200 多人，公司的销售收入也突破了 1 亿元。这时候仅靠一个人的管理已经不能满足企业的发展，因此企业的组织结构逐渐由直线型转变为直线职能型。华为成立了五大系统：中研总部、市场总部、制造总部、财务系统、行政管理部（见图 5-10）。总体而言，为了能快速做出决策、分配资源、尽快满足市场需求，这一阶段的组织结构主要是集权式的。

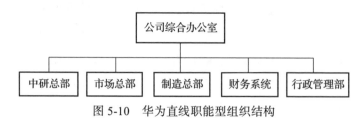

图 5-10 华为直线职能型组织结构

　　第二阶段是二维矩阵式组织结构。1992 年—1998 年，华为经历了快速的发展。这个阶段，仅仅依靠高层管理者来做决定已不能满足企业大规模和大范围发展的需要。因此，华为学习先进企业的管理模式，逐渐将高层管理者手中的权力废除，成立了事业部制。事业部制开始精准负责企业的产品开发、生产、销售、服务等模块。但是，仅仅事业部制不能解决各地区的实际问题。华为经过思考后，创新性地提出了根据地区差异建立地区公司（分部）的设想，并一步步将其实现。例如 2002 年，将上海华为改制，成为华为市场部中的华东分部（见图 5-11）。就此，华为逐渐形成了事业部与地区部相结合的二维矩阵式组织结构。在这种组织结构中，公司总部负责公共资源的管理，事业部与地区部协同作战，为企业创造利润。

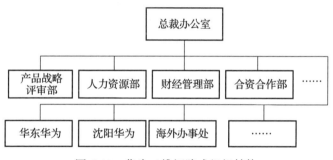

图 5-11　华为二维矩阵式组织结构

　　第三阶段是以产品为基础的矩阵组织结构。该阶段的主要背景是华为开始国际化，2012 年年底，华为的总销售额已经超过了 2 000 亿元，员工的人数已经达到了约 15 万，海外销售收入已经彻底超过了国内的销售收入，并且进入了《财富》世界 500 强企业行列。华为的市场越来越大，战线越来越长，企业中一些管理者的权力较大、决策依据远离了市场，他们需要控制的风险和流程越来越多。按照惯例，应该不断压缩企业层级，简化企业内部的各种流程，同时尽量缩减企业的部门，但是这样的操作几乎是行不通的。就在此时，华为的北非分部创新性的做法为华为带来了一线希望。

　　北非分部并没将解决问题的关键点放到企业内部，而是转移了企业内部的矛盾，从客户角度出发，成立了客户经理、解决方案专家、交付专家等工作小组，逐渐形成了以满足客户需求为目标的"铁三角"单元。这种组织模式的关键是打破了传统的组织管理思想，形成了以产品为基础、项目管理为中心，打破原有功能壁垒的运作模式。华为的组织结构（见图 5-12）一切从需求出发，以满足需求为目标，并且将决策的权力下放到了一线员工手里，自然而然地精简了不必要的流程和人员。这种组织结构开始追求以市场为导向，虽然仍碍于产品技术规范，但是也开始具有了个性化思维。

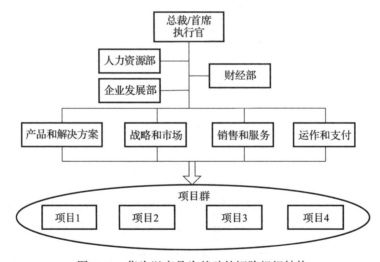

图 5-12　华为以产品为基础的矩阵组织结构

　　第四阶段是动态矩阵型组织结构。华为逐渐成为一家多元化的企业，并且形成了运营商业务、企业业务、消费者业务三大业务体系。为了更好实现三大体系的运转，华为设立了以客户／产品和区域为主的整合平台型组织结构。这种组织结构能协调各业务实现以为客户创造价值为核心，有效提升了企业财务绩效、市场财务绩效，消费者的满意度不断提高。

这时，华为的组织结构还是以矩阵型的组织结构为主，但是又增加了动态性的元素，也就是在市场活动中，要根据企业的战略和市场环境不断进行调整。例如，当外部环境恶劣时，这种矩阵型的组织结构就会收缩并叠加（见图 5-13）。整体而言，华为的组织结构逐渐由传统的金字塔式转变为职能平台的结构。在整个职能平台的保障下，产品和解决方案、运营商、企业、消费者实现四者的动态调整。这种平台型的组织结构是以数据为支撑的，各业务体系与客户、产品和区域之间是有数据传递和沟通的。

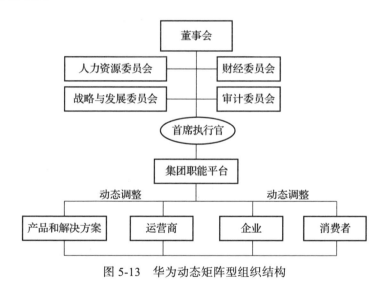

图 5-13　华为动态矩阵型组织结构

2. 华为平台型组织的启示

根据华为平台型组织的变革历程，以及第 3 章中对新型组织形式的探讨，我们能直观回答平台型组织生态体系的特质是什么这个问题。平台型组织生态体系具有以下特质。

（1）组织演化是平台型组织生态体系的构建路径　华为创立初期采取的是直线型组织结构。直线型组织结构是一种比较简单和基础性的组织结构，该组织结构便于企业垂直管理，最大的优势是管理灵活、决策迅速，但是缺点也比较明显，即权力集中、企业规模扩大时管理效率低。在快速发展阶段，华为采取的是二维矩阵型组织结构，该结构的核心是建立了事业部，权力下放，提高了管理效率。在国际化发展阶段，华为建立以产品为基础的矩阵组织结构，其核心是以产品为基础、项目管理为中心，对接市场，精准经营。在多元化发展阶段，华为建立动态矩阵型的组织结构，该结构的核心是数据信息的传递与链接。

华为动态矩阵型组织结构的构建过程说明组织结构的形成需要经历一个演化的过程。尽管直线型组织结构在企业发展中一直被诟病，但是这种组织结构在企业发展中有其存在的必要性。一个企业需要经历创办和发展的过程，直线型组织结构是一个基础性的组织结构，它能为企业发展提供前期运营保障。在数字化时代，企业根据自身的经营战略和业务内容会创立不同的新型组织结构，以往经典的组织结构是这些企业新型组织结构的基础，尽管以往经典的组织结构存在各种弊端，但是仍能为新型组织结构提供构建元素或发展基础。由此而言，新型组织结构是建立在组织演化的基础上的，任何凭空而来没有经过实践检验的组织结构都是存在巨大风险的。当下平台型企业非常关注平台型组织结构的构建，这是数字化时代发展的需要，但需要关注的是企业需要找到适合自身发展战略的组织演化之路，这才是构建稳定的平台型组织生态体系的关键。

（2）数据串联和链接是实现平台型组织生态体系动态稳定的核心　平台型组织生态体系具有两大特征：柔性化与网络化。数据串联和数据链接是组织柔性化和组织网络化的基础。为了应对快速、模糊的市场变化，平台型企业会采取柔性化的战略发展。柔性战略的实施需要柔性组织结构，两者之间需要最大限度的匹配，实现两者匹配最好的工具就是存储着市场信息的数据或数据串。数据联通着企业战略、组织结构、员工行为，当市场需求发生变化导致企业战略、组织结构、员工行为发生变化时，组织生态体系朝向最适应市场需求的方向发生演化。市场信息解码后的数据用于自动调整和纠正平台型组织生态体系的动态演化，实现其稳定性发展。

平台型组织生态体系中的网络化同样需要数据的串联和链接。网络化要求数据分解传递和数据聚合交互。数据分解传递是为了保证在整个平台上让数据到最需要它的地方去，保证数据的最有效使用。数据分解传递中能实现网络主体间的协同，减少人为参与，也能提高网络中的信任水平。数据聚合交互是供应网络信息匹配和互动的基本条件，在数据聚合交互后，整个生产路径呈现在数据库中，有利于对网络中的问题追根溯源，不断完善网络结构和运行路径，实现整个网络的平稳演进。

（3）优势整合是平台型组织生态体系的作用结果　平台型组织生态体系主要的作用就是实现平台内外部资源的整合。在平台内部通过建立柔性化的组织结构，不断激发平台内部的资源涌现。从平台整体出发，建立供应网络整合平台上的资源，使其有效流动。总之，平台型组织生态体系的建立是为了让企业有充足的资源，并让资源充分流动到可以创造最大价值的地方去。

第 6 章

平台人力资源管理

　　传统人力资源管理主要是指企业内部的人力资源事务管理，包括人力资源规划、招聘与配置、培训与开发、绩效管理、薪酬福利管理、劳动关系管理六大模块。传统人力资源管理针对的是人力资源管理的具体事务，在平台人力资源管理中，平台所拥有的人力资源不再局限于核心企业的人力资源，而是涵盖整个平台生态系统的人力资源。在平台生态系统中，不仅平台人力资源管理的对象发生了改变，平台领导力的概念也要被重新定义与解读。

　　本章从人力资源管理的视角解析平台的本质，首先界定平台人力资源管理的对象，并深刻探讨平台人力资源管理的内容，进一步讲解平台管理逻辑。其次，对比传统领导力的概念，对平台领导力进行定义并介绍其基本特征。最后，根据实践，总结平台人力资源管理的五大要求。

6.1　管理对象、内容及管理逻辑

平台人力资源管理进一步扩大了企业人力资源管理的范围，将平台上的参与者都纳入管理的范畴，同时管理内容也随之发生了变化。

1. 平台人力资源管理对象

平台人力资源管理的对象包括平台活动的五大参与主体：消费者、生产者、服务者、供应商、链接者。

（1）自主参与的消费者　平台基于既定的价值创造和价值分享活动而存在，享受平台提供的既定服务的主体就是平台的消费者。平台消费者最大的特点是可以根据自身意愿有选择地、个性化地参与平台活动，体现了极强的自主性。

（2）受需求引领的生产者　平台的概念不仅仅包括线上设施和服务内容，也包含线下的实体和服务内容。平台的生产者包括实物产品的生产集合体和服务生产集合体。平台生产者相较于传统生产者更多地关注平台的需求，实现需求数据驱动生产和服务模式，保障生产的个性化、敏捷化。

（3）及时有效的服务者　平台服务者是指在平台全部活动中提供服务的主体，主要保障平台活动的顺利开展。最具代表性的平台服务者是平台核心企业（即平台的构建者和管理者），平台服务者还包括专门提供平台支撑服务的组织部门和个体，平台核心企业提供了平台服务的核心和绝大部分内容，绝对的掌控权决定了其在平台活动中的主导地位，平台的服务者不仅包含核心企业和其内部的部分主体，还包括其他服务提供者。例如为平台提供产品运输服务的物流商（包含外卖平台的骑手）、负责平台建设外包工作的团队和个人、为平台供应商提供系统开发服务的服务商（如有赞、微盟等小程序开发服务商）等。平台服务要求及时有效，线上技术延长了服务的时间长度，为及时有效的服务提供了可能，这也成为考查平台服务者的重要指标。

（4）精准到位的供应商 平台生产活动要求有生产资料的提供者，本书将其界定为平台的供应商。平台释放了消费者潜能、归还了消费者主权，平台生产的个性化和敏捷化是平台参与竞争的必要条件，该条件并不会给平台带来多大的竞争优势，但是没有这个条件，平台将会失去参与竞争的机会。这就要求平台供应商的供应要精准、到位。

（5）网络化交互的链接者 平台最大的优势在于高效整合，这决定了平台参与主体中必然地要存在链接者。平台的链接者主要是平台核心企业（即平台的构建者和管理者）中专门从事信息、资源和能力导入以及链接维持的团体和个人，其功能类似于传统企业的市场信息部门、采购部门和运营管理部门，链接包含了内部交互和内外部的跨边界交互。借助网络的链接，平台链接者展示出了强大的链接能力，在空间上实现了远距离、高密度的交互，在时间上实现了高频的交互。网络化交互的链接者是平台活动重要参与主体，保障了平台活动的有效进行。

2. 平台人力资源管理内容

平台人力资源管理确切地说是对平台参与主体（包括企业、团体和个体）的管理，主要包括平台参与主体的进入管理、退出管理和进出之间的培训管理，其目的是提升平台的竞争优势，使平台能绿色可持续、健康稳定地发展。平台人力资源管理针对的是平台参与主体的整体管理，并不涉及具体参与主体内部的人力资源管理事务，具体人力资源管理事务由参与主体进行自管理。从这个角度讲，平台人力资源管理将平台参与主体整体地看成是"一个个体"，无论是平台整体还是参与平台的企业、组织等的人力资源管理都是相互协调的。

（1）平台参与主体的进入管理 平台是开放的，但这种开放具有一定的选择性，平台的用户如处于游离状态的网络用户，可按意愿自主进入或退出平台。然而，平台价值创造和分享活动的参与者要受到平台一定规则的限制。首先，平台参与主体的进入是自愿参与的主体与平台双向选择的结果，平台要设计公平、公正、透明的价值分配机制以保障平台参与主体的付出能获得正当回报，甚至有时候平台为了吸引具有绝对优势的外部主体，有必要在价值分配时做出让步。同时，平台的外部主体是否进入平台完全取决于其自身的意愿，除非受到平台核心企业在平台以外的利益引导。其次，平台的自愿参与主体对平台的资源和能力有所补益，平台参与主体要在平台价值创造活动中体现其正向的积极作用。最后，能进入平台的参与主体还要在同质的竞争群体中具有领先的竞争优势，平台的竞争优势来源于平台各要素的竞争优势及各要素集聚涌现的优势（"1+1>2"），只有保障多个参与主体的相对竞争优势才能确保平台在参与主体层面保有领先地位。

（2）平台参与主体的退出管理　首先，平台参与主体同样拥有是否退出平台的自主权，例如，当其他竞争平台提供更加优厚的补贴或是更加诱人的价值分享结果，抑或是出于自身发展战略考虑等原因，平台参与主体可能会选择退出现有平台而加入新的平台或自建平台。其次，平台自身需要设计一整套考核标准体系，对平台参与主体的价值贡献进行评估，进而决定是否清退已有的平台参与主体。其中至少包含以下考虑：一是参与主体在同行（包括平台内部和外部范围）中的比较优势地位，一如进入时的筛选，现有平台参与主体即便还能为平台贡献价值，但当价值贡献率远低于同质竞争者时就会面临被清退的危险，平台会考虑引入新的参与主体，当然，平台也可能会因为看好达到清退条件参与主体的潜在价值贡献而保留它。二是为了保证平台生态的健康，平台需要保持平台内部主体间适当、合理的竞争，例如保持一定数量的同类资源和能力供给者，通过相互的竞争不断清退处在竞争优势末尾的参与主体，并引进新的参与主体。类比"建设性的冲突"，合理的竞争能保障平台旺盛的生命力。

（3）平台参与主体的培训管理　平台参与主体的培训管理有三大目的：

- 对新进入平台的参与主体就进入和退出规则进行培训，保障平台参与主体和平台本身的合法权益；
- 就平台软件系统的必要操作流程、价值创造和分享规则进行培训，保障平台活动的高效、有序开展；
- 就平台的文化进行培训，保障平台所有参与主体共同的文化认同。平台的文化是其生存和发展的灵魂，平台文化的培训不仅需要线上渠道的传播和反馈，还需要借助必要的线下活动的互动支持。

3. 平台人力资源管理逻辑

平台人力资源管理逻辑包括以下三个方面。

首先，平台人力资源管理需要形成共同的价值信仰。平台参与主体之所以能集聚在一起，分别贡献各自的优势，促成平台价值的创造，是因为其拥有共同的价值信仰，即知道如何正确地做好正确的事。平台参与主体共同价值信仰的塑造是一个漫长的过程，但其一旦形成，就会为平台的稳定发展注入源源不断的动力。例如，在平台遭遇经营危机时，平台参与主体不会轻易地退出平台甚至加入竞争平台。此外，平台的价值信仰不能完全由平台核心企业（即平台的构建者和管理者）单独打造，还依赖于平台全体参与主体的共同意愿、共同智慧，最终形成。只有经由全体参与主体共同建设的平台价值信仰才会被全体参与主体所认同和维护。

其次，平台人力资源管理需要形成公平合理的竞争与合作逻辑。平台参与主体之间的竞争与合作是平台人力资源管理的重要内容，平台核心企业在执行人力资源管理事务时需要建构公平合理的竞争与合作机制及规则，只有拥有了系统完善的竞争与合作机制及规则才能保障平台的高效运转，这些机制和规则还必须落到实处、体现到平台价值创造结果中去，结果要可测量，进而避免平台人力资源管理流于形式。此外，平台人力资源管理需要保有合理的冲突，合理的冲突可以来自竞争，也可以来自合作，其是建设性矛盾的外显，通过聚焦和解决这些冲突不断提高平台的价值创造效率和服务质量。

最后，平台人力资源管理还需要建设公正、透明的利益分享逻辑。在共同的价值信仰追求下，平台参与主体相互合作、相互竞争，共同创造价值，推动平台持续、稳定、健康地发展。平台参与主体在贡献自身能力和资源时都有价值回报的诉求，如何公平合理地分配平台创造的利益决定了平台参与主体间协同合作与竞争能否持续下去，同样也决定了平台能否可持续发展。因此，平台人力资源管理设计利益分享规则时，需要标准地量化考量参与主体在平台价值创造过程中的能力和资源贡献，实时动态地将各主体的贡献过程体现到最终的利益分享核销体系中去。

6.2　平台型领导力

从古代的开国帝王到现代的企业创始人，从运筹帷幄的战略家到事务相对固定的一线管理者，从原始社会到现在的非正式组织，从等级结构明显的金字塔组织到打破层级观念的平台型组织，都需要领导力，而且每种领导力都有独特之处。

那么，应该怎么来认识领导力呢？现有研究有以下几种观点：有的认为领导力是一种影响力，有的认为领导力是一种领导与下属互动的过程，有的认为领导力是一种控制力，有的认为领导力是一门艺术。种种对领导力的认识似乎都没有错，也都能对组织的发展产生影响。但是，本书认为它们似乎都没有真正触碰到领导力的本质内涵，本书将领导力隐喻为物理学中的力，不考虑人类情感的认识可能会更贴近事实。物理学中的力是物体与物体之间的相互作用，力不能脱离物体而单独存在。以太阳系为例，太阳与行星、行星与卫星之间的关系就是力所形成的（见图 6-1）。

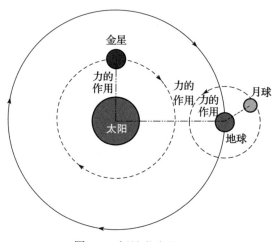

图 6-1　领导力隐喻图示

太阳系星球之间的力已经达成了一种动态平衡。无论是太阳、行星还是卫星，它们都在自己的轨道上运转。那么，领导力就是领导者与员工之间的相互作用，这种相互作用是为了实现领导者和员工所在系统的正常运转。领导力不可能独立于领导者而存在，严格意义上讲领导力也不会独立于员工而存在，领导者和员工是相互成就的，缺了任何一方，领导力都会自动消失。再次类比于力学系统中"万有引力"的概念，万有引力受物体质量、物体之间距离的影响。领导力也存在这样的情况，它受到领导者的能力以及领导者与员工之间的情感距离或权力距离的影响。领导者的能力与当下领导力研究中领导特质理论相对应，领导者与员工之间的距离对应于领导行为理论。毕竟，领导力相比于万有引力而言是微观的，受具体情境的影响比较大，这能解释领导权变理论的出现。

　　谁才具有领导力呢？通常认为领导者才具有领导力，或者领导力存在于领导者与员工的互动模式中。其实不然，在一个系统内领导力的存在与角色确定、组织层级地位没有特定的关系，人人都具有领导力，这种领导力在领导与员工的互动模式中能显现出来，当情境因素需要时，每个人身上的领导力都会被激发出来。特别是在平台人力资源管理中，这种现象已经成为组织释放潜能、提高效率的重要方式。例如，海尔的小微组织、阿里巴巴中台的需求业务单元、Supercell 游戏公司中的 Cell，都是以需求为导向的，根据具体情境实现不同小组的自由组合，企业不再规定谁是领导者，而是追随者根据自己的需求来选择领导者，谁都可以成为领导者，只要组建的小组能完成任务目标即可。这个过程也是领导力激发和形成的过程，例如有些领导者以前就是领导者，而有些领导者是在追随者追随或自我能力被肯定的情况下新出现的。

　　了解了谁才具有领导力之后，那什么才是平台型领导力呢？首先得明确平台型领导力的主体是谁？回归到对平台的认识上，平台不是企业间形成的合作网络，不是员工与企业间的纵向整合，而是将企业、员工、合作者放置到一个共生的系统中。从这个角度来看，平台型领导力的主体是参与平台运行的各参与单元，进一步讲，微观的单元个体、中观的任务小组及宏观的企业都是平台型领导力的作用主体，同时也是参与主体。平台型领导力的主要作用就是为了实现平台系统的顺利运行。具体来讲，平台型领导力的作用就是授权与赋能。

　　授权是相对于个体的一个概念，较早出现的授权是心理授权的概念。简单来讲，心理授权就是个体对某个事物认识的心理状态或角色定位。对个体而言，通过平台型领导力能改变个体的心理状态和角色定位，由以前的雇员成为企业的主人，由以前个体与企业的关系是相对对立的，到现在个体与企业的关系是和谐共生的。通过心理授权能进一步激发出员工的工作积极性、对企业的认同感与归属感，能进一步激发出员工的潜能。

赋能是一个相对宏观的概念。它一般出现在组织和团队中，在一定的环境条件下，激发出组织和团队潜能，实现整个组织和团队能力的提升。赋能并不是赋予某人、某团队或某组织能力，而是通过提供一定的环境和机会实现能力的激发，赋能可以提升被赋能者的竞争优势，以便更好地服务其用户。赋能不仅是提供某一项服务或交易，而且是通过服务或交易实现被赋能者额外能力的激发，这也是平台型领导力要完成的工作。

接下来，我们从战略指引、关系与资源整合、机制与协议制定、共同关注与多方共生、隶属关系减弱五个方面阐述平台型领导力的关键内容。

1. 战略指引

（1）平台型领导力与传统领导力中战略指引的差异　平台型领导力出现于互联网时代，也作用于企业的互联网发展；传统领导力对企业所处时代背景的关注没有那么具体，主要是对人与组织管理的思考。传统领导力中战略指引是什么样的呢？

首先，在金字塔式组织结构中，员工可能了解自己所处企业的发展战略，但几乎不知道怎样才能实现企业的发展战略。这是由于战略制定与战略实施的部分基本由企业的中高层领导者来完成，员工的主要任务是根据中高层领导者的指示来完成具体的工作。这些工作与整体企业的发展有什么关系，对企业的发展有多大的作用，似乎并不是员工关心的。这是由于企业的战略发展与员工的职业发展并不是相契合的。

其次，传统领导力领导者关注的主体更多是自己的员工，传统领导力的作用边界受领导者在企业中职能范围的影响，超过自己职能范围的也不是领导者的关注点。这就在一个组织中形成了不同的模块（部门或组织单元），这些模块之间没有直接的沟通，沟通也是以领导者为核心的，大部分情况是领导者之间沟通后再传达给员工，或者领导者通过自己的员工与另外一个模块进行沟通。

最后，传统领导力更多的关注微观层面，主要是企业层面（这个层面也是企业内部的整体层面）、企业内的部门或单个组织、组织部门中的团队、团队中的个体。传统领导力关注的微观主体对自身所处供应链上的其他企业的领导作用微乎其微。

平台型领导力如何实现战略指引呢？

第一，平台型领导力背后的支撑是数据。在数字化时代，数据的作用体现在但局限于链接和整合上。从链接作用来看，平台型领导力用数据将各参与单元整合到一起，企业的发展战略转化为包含信息的数据集。在企业内所有人都参与到企业战略的实施上（企业的战略通过数据不断地细化和分解，直至落脚于每个个体身上），而且员工的职业发展与企业的战略发展在同一方向和同一规则下。

第二，平台型领导力的作用主体没有固定的层级。传统领导力关注的是作用主体的某一个层级，例如作用于个体层、组织层或网络层，但是整合作用于这些层级的传统领导力还没有出现。平台型领导力之所以能作用于不同的层级是由其所处的具体情境决定的。平台型领导力所处的情境就是平台，在平台中还有明显的层级吗？答案是否定的！在平台中有不同的分工，但是在数据的链接作用下，层级已被最大限度地打破，或者层级不再是组织运行的关键情境因素。因此，平台型领导力的作用主体是组织发展中的战略单元，战略指引的不再是某个个体或是某个层面的组织，而是所有的参与单元，自然没有了层级一说。

第三，平台型领导力的实施者是企业中的每个人。在数字化时代，人人都具有领导力，都会成为领导者，那实际上人人也都具有平台型领导力。更具体地说，平台型领导力是一种领导的模式，或是领导力的一种类型。平台型领导力的整合与链接作用能实现对宏观企业和企业所处网络、中观企业组织、微观组织中个体的指引。

（2）平台型领导力中战略整合的组成部分　一是参与单元目标的整合。实现网络合作的关键是对各个协作单元的参与目的进行整合。不管是个体还是组织，都带有一定的"经济人"特性，为了自身利益或组织利益参与协作。如果每一个参与单元只注重自身利益最大化的实现，那么战略伙伴的关系就会受到威胁，甚至瓦解。

二是共同战略的实施。战略的制定与实施是实现愿景与使命的根本保障。由于单个组织战略制定的视角以及在合作网络中所处位置的差异，单个组织的战略与合作组织的战略之间存在冲突。为了保障合作组织战略的顺利实施，就要引导参与合作的组织共同制定整体战略，争取最大化地实现单个组织战略与整体战略的有效契合。

三是共同制订计划与策略。计划与策略的制订是实现联盟战略的基础，共同制订计划与策略能避免单个组织与合作组织之间在时间、信息、资源等方面的冲突。共同制订计划与决策能充分了解合作组织的需求，充分利用合作网络的智慧，充分挖掘合作网络的潜力。让合作网络成员充分参与到合作中来，利用集体力量创造公共价值。

2. 关系与资源整合

关系是自人类出现以来就有的自然本体。从人与人间的关系来看，其本质就是实体与实体之间建立了某种联系。关系可以指已经呈现出的一种状态，也可以是建立联系的一种过程。在商业活动的应用中，人们发现关系的强弱能影响资源的获取和商业活动的成功与否。人们渐渐发现"弱关系"在其中起到了积极的作用。那么是不是"非弱关系"（强关系）起的作用就不明显了呢？

强关系是一种稳定深厚的社会关系；弱关系相较于强关系是一种灵活广泛的社会关系。更直白地讲，强关系就是平时与你关系非常好的亲属、经常走动的朋友等，与你的互动非常频繁，相互之间有着比较深刻的了解。弱关系主要是指在平时生活中能取得联系，但是相互之间的联系不是那么紧密，如你不怎么联系的同学、同事、合作伙伴等。强关系意味着彼此有共同的生活、朋友圈，了解的信息和事物是相同或类似的。相反，弱关系意味着各自生活、朋友圈不同，信息呈现多元化，彼此了解到的事物也是不同的。

为什么弱关系在商业活动中的作用更明显呢？这是由于强关系中的主体相互之间过于了解，生活的圈子过于重合，在以前的交往中，可利用的机会可能已经使用，相互之间的可利用的信息交流比较少，自然能相互帮助的可能性就比较小。相反，弱关系能识别出异质性的资源，通过弱关系在共同的目标驱使下，这种异质性资源就有利于商业活动和平台的发展。

平台型领导力将这种弱关系的作用发挥到了极致。平台之所以能成功建立起来就是大家有着共同的目标和战略导向。在共同目标和战略导向的作用下，大家希望通过协同来实现自己资源的最大化利用，同时也产生协同的绩效。平台型领导力中的弱关系就是通过共同的目标和战略导向形成的。那么，弱关系是怎么起作用的呢？这主要包括了以下四个方面：关系识别、弱关系的建立、关系整合、资源整合。

（1）关系识别　关系识别是以商业活动任务为导向的，通过整体战略的规划，在平台中查找能一起完成战略任务的企业或组织。在这个过程中，主要关注是否具有一起完成任务的能力，可以称之为基于能力的关系识别。

（2）弱关系的建立　为什么要建立弱关系呢？这是由于在合作过程中，会涉及平台中的多个企业或组织，企业或组织间的价值观是不一致的，只有在共同的价值观指引下，才能保障合作的顺利进行。弱关系建立的主要核心内容就是要实现价值观的一致。

（3）关系整合　关系整合主要是指在平台主体合作的过程中，会出现很多不确定因素，或者完成目标需要新的资源等。因此，关系整合是一个动态的过程，也是平台型领导力中的关键因素，这一方面是由于互联网多变的整体情境决定的，另一方面也是合作应急预案所要求的。关系的识别与建立仅仅是平台型领导力中弱关系识别与应用的一小部分，弱关系真正的应用是在关系的整合中。

关系整合是平台型领导力的核心，是实现平台型领导力有效性的关键。平台型领导者通过与他人在理念与价值观上达成共识，逐渐建立起核心团队，通过理念与价值观的传递，实现关系的扩张，建立起协作关系网。在这个关系网中，实现资源与利益分享的同时，也实现了责任与目标的传递。

（4）资源整合　资源整合是关系识别、建立与整合的最终目标，这也是平台型领导力的意义所在。关系整合中有一点特质是需要强调的，就是资源整合结束后合作伙伴关系继续恢复弱关系。当有新的目标和任务时，如果有资源的需求或合作的意愿，那么这种弱关系还会进一步地建立起来。

在平台中，关系与资源的整合涉及多个主体，主要有三个方面：企业与员工的关系整合；企业（合作网络）、组织与员工的关系整合；供应合作网络中的关系整合。

第一，企业与员工的关系整合。企业与员工的关系整合主要指企业和员工之间不再是命令式的管理，而是形成了非行政隶属关系的整合。这主要体现在领导者与员工关系的改变上，在传统的管理中，一个组织特别是金字塔式组织结构中领导者和员工之间的关系有高质量和低质量之分。高质量的关系主要是指领导者和员工建立的以感情为基础的关系，低质量的关系主要是指领导者和员工之间是以物质交换为基础的关系。在平台型领导力的作用下，这种关系的整体局面逐渐被打破，形成的是灵活的个体根据自身意愿与战略发展而进行的弱关系整合。这种整合关系背后形成的是灵活的、以完成市场需求为目标的任务小组。

第二，企业（合作网络）、组织与员工的关系整合。企业（合作网络）、组织与员工是怎么进行关系整合的呢？重要的是打破原有的边界限制，无论是合作网络的边界还是企业的，甚至是组织部门的。打破边界、建立新型的组织结构才是实现关系整合的关键，因此就出现了"节点"或是"新型的组织结构"。这些新事物的出现保障了企业（合作网络）、组织与员工等多主体的关系整合。

第三，供应合作网络中的关系整合。供应合作网络关系的整合是以市场需求为基础的不同企业间的战略合作。供应合作网络中的关系整合与传统企业间的战略合作存在本质差别。首先，传统企业间的战略合作是以某个企业为核心的、生产制造（服务）的需求为基础的；而平台中供应合作网络实现了整个市场需求的传递，在供应合作网络中所有的战略合作企业都能获得市场需求转化而来的数据，通过数据信任建立战略合作关系。其次，传统企业间的战略合作多是以领导者信任和战略协议来维持和保障合作的，但是在平台的供应合作网络中多是以数据的传递来保障和维持合作的（这就避免了信息不对称或信息隐瞒而造成不信任的问题）。

3. 机制与协议制定

平台型领导力合作的显性条件是完善与共同认可的机制、共同参与制定的协议。一个平台的顺利运转不是一个层面、一个个体、一个企业、一个链条决定的，而是由整个平台系统的平稳运行决定的。这离不开安全机制、沟通机制、利益分配机制及风险承担机制的建立，合作协议的签订，以及整个机制背后平台哲学的突破。

（1）机制的建立　这里的机制包括安全机制、沟通机制、利益分配机制、风险承担机制。

安全机制主要指数据安全机制。大数据时代的到来让人们认识到数据的重要作用，数据就是金钱，数据就是利益，数据就是资源。与此同时，数据面临越来越多的安全风险。《数据安全系列（一）之大数据安全管理体系》一文中提到了大数据时代遇到的三个挑战：外部非授权人员对信息系统进行恶意入侵，非法访问隐私数据；数据具有易复制性，发生数据安全事件后，无法进行有效的追溯和审计；大数据有流动、共享的需求，大量数据的汇聚传输加大了数据泄露的风险[一]。

因此，建立安全机制是平台顺利运转的首要条件。安全机制包括了三个方面：第一，大数据的技术防护。企业要建立自己的安全存储空间、强大的防火墙，防止黑客等计算机高手的入侵，以免数据被复制与流失。第二，数据传输的安全。平台依靠数据链接，如果数据不能共享，那么在大数据时代数据的作用就微乎其微。但是数据的共享要遵守国家相关法律法规，不能非法把用户隐私数据给使用方。第三，内部数据处理程序的安全。数据在企业内部的处理要本着安全的原则来进行，数据一旦出错，那接下来与其相关的生产服务的任何一个环节就都不够准确了，平台带来的独特服务功能也存在失效的风险。

归根结底，平台中的沟通机制主要包括两个方面：一是消费者与生产者的沟通；二是生产者与供应者的沟通。消费者与生产者的沟通涉及全部消费需求，主要以数据形式进行传递，因而，沟通机制的构建主要包括网站、移动终端 App 的设计等。生产者与供应者的沟通主要需要参与到平台中的企业、组织与团体等有打破边界的意识、突破边界的决心，更重要的是它们有共同获利的初心，沟通的目的是避免冲突、获得信任，

㊀　西山科技. 数据安全系列（一）之大数据安全管理体系［EB/OL］.（2018-07-04）［2022-06-28］. https://baijiahao.baidu.com/s?id=1605023206964827844&wfr=spider&for=pc.

因此沟通中要诚信、真诚。

利益分配机制是成员参与平台价值创造的终极目的，平台能否稳定顺利地运行看的是利益分配机制是否合理与完善。利益分配机制主要包括两个方面。

- 员工与参与平台的企业之间的利益分配。在制造业平台企业中，设备的使用、场地的占用、人员的参与等都可以量化为数据，以数据说话，通过数据的显性化，直接将利益分配机制呈现出来。
- 平台中同级企业的利益分配机制。这部分利益主要有两方面组成：①由企业本身提供的产品、材料及服务产生；②平台内其他企业合作所产生的规模收益。

数字化时代的到来，使得数据所带来的风险需得到前所未有的重视。确切地说，数据能隐藏甚至消化一定的风险，但是一旦这种风险无法被数据自调节时，带来的风险就是巨大的，甚至是灾难性的。很明显，共同获利的同时也要共同承担风险。所以，风险承担机制的建立是以获利大小来平衡的，在合作过程中需要以合同的形式呈现出来。

（2）合作协议的签订　将平台看成是一个系统，从系统内和系统外的角度来讲，合作协议的签订主要有两方面的作用：

一是保障平台的稳定与顺利运行。这部分的合作协议是合作合法化的基本步骤。合作协议的签订就标志着合作组织的建立。在平台网络中，参与者都要按照合作协议办事，如果有超出协议内容的事情，那么可能要承担所有风险，或受到其他参与者的惩罚，甚至被剔除出合作团队。

二是能识别新的平台参与者，实现平台的系统外更新。与平台外的优秀合作者签订合作协议，是一个关系识别与建立的过程。这不仅能给平台带来新鲜的活力，还能实现资源的获取，进一步实现资源的碰撞，最终实现平台的创新发展。

（3）平台哲学的诞生　平台哲学与传统的组织管理哲学存在一定差异，简单来讲，传统组织管理哲学作用的对象是组织内部的人或团体，形成的基础是对人性、组织结构、人员认知等的思考。无论这些要素多么神秘与难懂，其实它们基本都处于一个组织的内部，有边界的思考相对而言终归会给人易懂的感觉。但是平台哲学不仅包括了传统组织管理中的哲学，而且包括了以无边界组织中的管理问题为依托、以共同体思维为根基的深度思考，这种思考的模式和境界是更高的，暂且叫作"中层哲学"。

平台哲学的出现是为了更好认识世界和改造世界。本质的问题是平台如何解放人、发展人。平台的出现不仅促进了经济的发展，还释放了人的潜力。换句话说，平台的出现不过是人们更好认识世界的一种方式，在这个过程中更重要的是对人性的重新认知。在新的认知水平下，世界是什么样的？人类能做什么？人类的整体能量有多大？如何更科学地改造世界？这些问题都是平台哲学带给我们的思考。

4. 共同关注与多方共生

与传统领导力不同的是，平台型领导力关注的是平台中的所有参与单元，目的是实现平台参与者的共同发展。平台型领导力不仅仅作用于平台型组织的运行中，还存在于整个平台的建设和发展之中。平台型领导力关注的是消费者、资源供应者、生产者、服务提供者、机制协调者等五大主体的共同获益和多方发展。

平台型领导力共同关注的起点是消费者，从消费者那里收集来的数据是实现平台型领导力共同发展的基础。消费者的需求经过平台的前台转化为企业生产和服务能识别的数据，这部分数据像人体的血管一样，几乎同时到达五大主体，平台型领导者在里面作为链接和协调者的角色。数据原本是冰冷的，但是平台型领导者能赋予数据温度，以共同获益为前提，考虑不同主体的发展阻碍，以共同的目标来应对管理和运营的困难，实现平台上企业的共同发展。这是由平台发展的基本属性决定的，由于平台的正常运转需要各个主体之间的链接和合作，因此只有共同关注每一个参与主体的健康和稳定发展，出现问题时站在平台整体角度去审视和解决，才能避免零和博弈的出现，规避重大的发展问题。

平台型领导力的最终目的是实现平台的稳定运行和发展，实现所有参与方共同获益。当然，参与方的获益是多方面的，不仅包含财务指标的提升，还包括社会服务方面的提升。因此，平台型领导力中的多方共生又包含了基本的社会服务属性，也就是说在关注平台发展的同时，还要关注平台带来的社会效益，包括对平台制度的创新与引领，对社会就业的关注，对平台发展的责任与担当，等等。

5. 隶属关系减弱

与传统意义上的领导力不同，平台型领导力不再具有和其他参与主体间严格意义上的行政隶属关系。当然，也没有任何的组织和个人赋予平台中某个组织和个人以领导权力，那谁具有平台型领导力呢，平台型领导力又作用于谁呢？

平台型领导力关注平台相关所有主体的发展，在这个过程中不是某一个企业或组织独自关注着平台的整体发展，而是平台的所有参与单元都在共同关注平台的发展，由于目标一致性非常高，因此就无须再进行刻意的领导了。需要指出的是，尽管行政隶属关系在减弱，但不是说行政隶属关系直接消失了，而是呈现出隐形化的特点。例如，在制定战略和共同目标时，总是需要一个组织和领导者牵头。参与平台发展的主体主要基于两方面考虑：一方面是平台的共同发展能给其带来利益；另一方面是牵头者自身的魅力所致。这种领导力就是一种微弱的隶属关系，只不过这种微弱的隶属关系是以信任和企业或组织声誉为基础的。这也就回答了谁才具有平台型领导力的问题，即所有的参与主体都具有平台型领导力，并且所有的参与主体都是以整体平台的发展、实现共同获益为首要目标的。

平台型领导力由于行政隶属关系的减弱，其对整个平台上的参与主体不再具有控制管辖和支配的权力。行政隶属关系减弱使得平台上企业间的合作只能通过参与主体共同参与的沟通等方式进行。平台型领导力并非作用于参与平台的主体，而是作用于平台合作发展的机制与制度。

6.3 平台人力资源管理的五大要求

平台人力资源管理是一个复杂的工程，与传统企业中的人力资源管理相比，在目标追求、价值实现、机制设计、分配导向等方面都存在比较大的差异。平台人力资源管理和柔性组织构建是相辅相成的，两者只有精密配合才能发挥出平台的优势。在平台人力资源管理中最主要的是保证高质量的信息共享水平，这是其区别于传统企业人力资源管理最主要的方面，也是数字化技术能发挥最大功效的直接体现。信任和公平公正的利益分配也是人力资源管理的追求和目标：信任是人力资源之间合作的基础；只有保证了公平公正的利益分配，才能保证人力资源可持续地发挥优势。更深层次则要关注个体在平台中的发展，人力资源管理不仅要为平台整体服务，还要照顾到平台中潜能激发与人性释放。

1. 信息共享

平台人力资源管理系统要想在企业的平台化发展中发挥出更大的优势，就必须要实现平台各参与主体间的信息共享。平台人力资源管理既要关注企业内部的人力资源，也要着眼于整个平台上的合作网络。信息共享要做到横向扩展与纵向链接，横向上要实现长期合作、临时合作的波浪式信息共享，纵向上要实现合作网络与企业和员工的一体化信息共享。

在横向扩展上，尽管在合作的形式和频率上存在着差别，但是信息共享的程度和强度要保持一致，这要求企业在平台横向信息共享中做足两方面的功课。一是要在确定建立合作关系前，制定相应的信息共享制度，以数字化传递为手段，尽量减少人为因素的干扰，以数字化渠道直接进行信息的传递，以规范的数字化渠道拓展来代替人为私下的信息交流，最大限度地避免信息失真及信息不对称。二是要建立灵活的沟通机制，因为市场的信息是多变的，所以能快速准确地应对市场变化是平台发展的关键。无论企业在平台的何种位置，只要身处平台之中，有共同的目标导向就要担负起信息获取与传递的责任。当然，灵活的沟通机制是以信息透明公开为前提的，沟通机制的建立需要以协议作为保障，避免因为信息的隐瞒而造成某个组织获利或某个组织蒙受损失。

在纵向链接上，由于平台型组织最大限度地实现了组织的扁平化，扁平化的组织有利于保持信息的完整性和准确性。在传统组织的信息传递中，信息失真几乎是必然的，但是在平台型组织中，以数据工具作为传递媒介，能保障信息在传递过程中不失真以及不同参与者获得的信息具有同一性。纵向上的传递主要是面向员工的，通过高质量的信息共享能让员工了解企业的发展现状，以适时的信息更新速度让员工了解市场的需求变化。在平台型组织中，员工参与生产的方式由受雇者逐渐转变为合作者，获得完整的信息是员工存在于平台型组织中的权利，信息的获得能增强员工对企业的认同感和归属感。当员工以主人翁的心态参与到企业的生产制造中时，能进一步激发员工的潜能和工作热情。

因此，平台人力资源管理要特别强调不同主体间的信息共享，在横向拓展和纵向链接上实现信息共享体系的构建，实现整个平台人力资源系统的顺利运行，进一步保障不同参与主体在不同目标导向下积极参与、相互沟通、共同获利。

2. 数字人文

　　根据罗伯托·布萨的观点，计算学科的主要作用并不是加速人文学科的进步，而是为人文学科领域中长期存在的问题提供新的研究方法。平台中的参与主体在共同体和共生思维的指引下，实现了由雇用关系向合作关系的转变。在平台中的任何一方都是在共同获益的前提下实现发展的，如果出现一方为了自己的发展而不顾整体效益，那么平台产出的价值就会大打折扣，合作中建立的信任关系也会荡然无存。平台作为一种逻辑，改变了人与人之间的互动方式；作为一种工具，实现了人与人之间更大程度和更深层次的链接；作为一种环境，提供了更加公平的交流场所。

　　平台人文以数字化技术为支撑，构建平台逻辑、平台工具和平台环境下的数字化文化时空。放置在企业情境之中，平台带来的直接贡献是改善了人与人、人与企业之间的信任问题。追求自身利益最大化是人类的本性，这就造成了企业中的信任危机。领导者不信任员工能全身心地为企业发展而努力，员工也不会相信领导者是关注员工自身发展的。严重的信任问题使得领导者与员工之间相互博弈，有些员工甚至特意查找企业制度的漏洞，从中获利。建立强大的信任体系是平台健康发展的关键，也是平台人力资源管理中需要解决的重大难题。在平台系统中如何解决信任问题呢？这要充分利用数据这一关键资源，以基于数据的技术手段为工具，通过任务量、加工完成量、成本等的数字化，以数据的形式呈现和传递，在特定算法的支撑下，由计算机来完成这部分操作，避免人为干涉，实现数据的真实性和可靠性，提高员工对数据的信任水平，从源头上消除参与者对信任问题的担忧。

　　数字信任是一种思想，而不仅是一种方法，重点强调了数据背后所体现出来的公平性。企业、企业中人力部门以及各层领导不再参与利益的分配和绩效的考核，而是以数据的形式直观地展现出成本、工作量等信息，这就能保证参与主体关注的利益分配的公平性。平台人力资源管理中不再强调绩效的考核、岗位的设定等，而是将这部分工作交于员工自行选择。由于有数字公平性和数字信任作为依托，员工不再担心自己的努力换不来应有的价值，从而挑选更适合自己的岗位，发挥自己更大的作用，试图创造更大的价值，实现企业和员工的双赢。

3. 公平、透明的利润分配

对平台价值创造活动过程中各主体的生产要素贡献进行考核并据此进行利润分配是平台人力资源管理的重要事项之一。本书将公平、透明的考核和利润分配视为平台人力资源管理的一大目标。

当平台成为市场经济发展中资源配置、产品交易和服务提供的重要渠道时，就需要对其价值创造的过程进行可量化的考量。各生产和服务要素来源于哪个主体，何时何地以何种方式贡献到了价值创造的哪个环节中，价值贡献量是多少，价值贡献转化出来的利润报酬是多少，这些数据都需要被实时、准确地记录和存储，最终作为平台考核制度和利润分配的客观、公正和公平的依据。

人性深处保有对公平公正的追求，过去、现在和将来都无法泯灭这种与生俱来的良知，这种公平不仅要在个体层面实现，同样需要在团队、组织层面实现。

今天，数字技术的发展能最大限度地将利润分配推向公平，平台参与价值创造的主体的贡献不仅可以被准确地记录，存储技术和查询技术的发展也让数据溯源变得便捷高效。平台价值创造的参与主体自然不会放过这个机会，单一主体享有超额利润回报的情况在目前还存在，但这些参与主体将会持续追求平台超额利润的绝对公平分配。同时，平台间的自由竞争也促进了平台公平公正利润分配的发展，如果某个平台缺乏或拒绝公平公正的利润分配，参与主体将会选择退出并加入更加公平公正的平台。

那么,平台人力资源管理的考核如何实现公平公正呢?这要求平台核心企业(即平台的构建者和管理者)在主导平台价值创造的过程中实现透明化经营,即会计核算体系要实现透明化,其中包括公开各项成本和营收的准确数据,一件产品、一项服务成功的过程中发生了哪些成本,具体各项成本是多少,最终的产品和服务能创造多少营收等,这些数据都需要向全体参与者公开。依据这些数据,平台人力资源管理的会计核算体系需要事先设计一套大家都满意的利润分配方案,无论分配方案是依据单位时间的价值附加值,还是依据生产经营要素的合理投资回报率,只要全体参与者达成一致,分配方案就可以在平台中执行。现阶段,已经有企业实现了对生产过程和利润分配的颗粒化分解,劳动付出与利润创造一一对应,在某个环节员工做了哪些工作、创造了哪些价值、企业获得了多少利润,都可以被记录,并且经过后台的算法计算,会马上为员工呈现颗粒化的薪酬构成。

传统的生产经营系统基于传统的思维,一些企业甚至错误地认为:员工只是企业赚钱的工具,员工只知道主张自己的权利,而不能体会经营者的困扰和烦恼。这些企业的经营里,劳资关系是分离且对立的:员工对自己的薪酬不满意、对自己的工作时间不满意、对自己的工作环境不满意,一味地提意见;而资方时刻都在提防员工的行为对自己利益的损害。在这种情境中,员工通过劳动付出只能拿到劳动报酬,而最终的利润分配也只能拿到一些额外的奖励而已,员工并没有因为企业的成长而获得公平的回报,超额的利润会被企业所占有,确切地说是被企业的实际控制股东所占有。显然,这种思维在今天已经行不通了,企业需要重建其利润分配的逻辑,让员工在为企业付出的过程和结果中都能分享企业发展带来的好处。

在商业实践中,很多平台企业的人力资源管理都在进行这样的变革。

首先，平台核心企业（即平台的构建者和管理者）与其他平台参与主体要公平公正地分配到其参与创造的利润；其次，企业和内部员工的关系在悄然发生变化，员工与企业是合作关系。从这个角度讲，平台要做的是实现参与主体间的公平公正，平台核心企业（即平台的构建者和管理者）对待平台参与主体和自身内部员工，将不再是通过物质和精神奖励去激发他们的积极性，使他们朝平台期望的方向发展，而是通过提供各种资源、机会让他们自由选择、自由发展，自愿组成团体进行价值创造。换言之，平台商业实践的发展将会推动雇用关系向合作关系的转变，赋能将会取代已有的管理和激励。

4. 潜能激发

平台人力资源管理在公平、透明的价值贡献考核和利润分配的转变下，需要实现的一大目标是激发个体和团体的潜能。平台超越了传统的资源配置、产品交换和服务提供方式，其是社会生产持续追求效率、绿色环保、效益的结果。因为平台和平台活动参与主体间的对立关系不复存在，所以平台人力资源管理要求实现的是团队在价值创造过程中的角色转变：一方面要从传统的工作胜任转变为自我潜能激发，价值创造团队不仅要完成工作，而且要将工作做好、做完美；另一方面在做的过程中追求方式方法的创新，以最低的成本成就最大的收益，要以主人翁的经营思维进行价值创造。此外，价值创造团体还需要自主进行价值创造机会的识别和风险预估等，真正实现自我激励和管理。

平台人力资源管理实现个体和团体潜能激发可以从三个方面展开。

第一，授权赋能。今天的商业经营环境变化非常快，原因在于技术迭代，技术迭代是社会发展演进的助推器：互联网和通信技术使交互变得即时，自动化、智能化生产技术使制造效率大幅提高，交通技术使物品跨区域传输得更快等，能随时随地快速产生的链接使链接本身变得越来越弱化。新时代的新技术使企业经营进入了新的情境，而新的商业经营情境孕育新的因素，似乎不确定因素在各行各业都已经显现，似乎不确定成了这个时代唯一的确定。为了应对不确定，从事价值创造的个体和团体需要获得足够的资源支配权、人事调配权、资金调用权等。传统企业中的员工在解决问题时常常感到权力不够用，调用和支配资源需要层层的审批往往会降低一线员工的积极性，久而久之可能会养成员工的不积极和不负责，最终影响组织的发展。如何才能最大限度地释放个体和团体的潜能成为组织创造性和活力相关的重要命题。在个体层面，授予一线员工恰当的权力和权限，让其能最大限度地获得应对变化的自主性，卸下传统层级权力结构对员工的束缚，让员工真正成为企业的主人，不断进行自我创新和创造，最终提高组织的效率和效益。在团体层面，赋能价值创造的团体，提高团体应对变化的自主性，同时让团体自主掌控内部成本的管理，使其能完全自主自由地进行价值创造。从个体和团体两个层面实现授权赋能，激发其潜能。

第二，设计合理的发展路径和机制。要激发平台中个体和团体的潜能，仅仅实现权力的下放是不够的，还需要为其设计合理的发展路径，让其能持续成长，不断锻炼原有技能和获得新的技能。就个体而言，不断在事业上取得进步和成功能让个体获得成就感，进而愿意也能够在不断的价值创造过程中获得快乐。就团体而言，其不断的成功能否为其促成马太效应，即在持续突出的贡献之后能不能优先获得平台资源的使用权促成其业务的持续成功尤为重要。因此，设计合理的发展路径和机制，能进一步地释放平台中个体和团体的潜能。

第三，提供足够的知识技能辅导。对平台中的个体和团体而言，有些技能和知识需要经过后天的学习才能习得，因此，要彻底释放平台中个体和团体的潜能，还需要为其提供足够的知识技能辅导，帮助其提升机会识别、机会利用和价值创造的能力。

5. 人性释放

人类灵魂深处一直存在着对自由的向往。人们渴望能主宰自己的行为，决定自己的命运，但囿于现实生活的各种阻碍，人们常常在一系列的约束下从事自己的工作。随着社会的进步、物质生活水平的提高，人们对于自由的诉求越来越强烈。

如果组织把人性假设为"恶"的，绩效管理自然就是控制式的，不是引导式的。如果组织把人性假设为"善"的，则组织就会很少约束员工，主要靠领导者的感化或组织文化维系组织的正常运转。人性"恶"和人性"善"假设下的组织管理似乎都有很多事实证明其有效性，但是这两种假设给员工带来的体验是结果性的、不自然的、带有组织或领导者的个性的。其根源还是管理，只不过管理的方式发生了变化，而管理的目的和逻辑并没有改变。根据孙新波教授的观点，人性是"素"的，既不是"善"也不是"恶"的，是过程性的、交互性的、发展的。在数字化平台的情境下，组织不再基于人性"恶"和人性"善"的逻辑管理员工，而是要形成过程性、包容性的体验式自管理。自管理本身并无善恶之分，而是基于人与组织、人与情境等交互后的行为选择，它注重的是过程体验。

市场机会的瞬息万变和员工本性的激活，使得员工不再甘愿被太多的惯例和制度束缚，因此，平台要建立起一种能充分激发员工的创造性、高效协同的组织新范式——自组织。通过制定合适的人力资源管理规则，让员工根据特定的任务以及彼此之间的能力和兴趣自发地组建成组织小团体，信息在员工之间平等地流动，员工的个人专长得到充分释放，组织运行效率也有明显的提升。人的主体性所释放出来的个人创造力，被认为是社会在急剧变迁状态下进行革新的空间。在高度现代性的情况下，共同体及其相互关系的维持，不再依赖稳固的传统，而是依靠个体化的集体。

平台人力资源管理还需要实现的一大目标就是释放人性。在平台经营模式中，更加倡导人本主义，随着物质生活水平的提高，员工和消费者都更加强调自我意志和自我意愿，追求个性，追求自由。新商业文明的潮流催生了一系列更为人性化的平台商业范式，促成了企业与员工、企业与顾客之间的人性交互。未来的平台商业组织中，要形成相关利益者的自由结合体，包括员工自由体、顾客自由体、平台合作伙伴的自由体，三者平等交互。因此，尊重人性、释放人性是企业发展的必然趋势，企业要实现管理向治理的转变。

6.4　社区团购的人力资源管理

1. 社区团购

2020 年下半年，由于新冠疫情，社区团购这种平台模式逐渐火热起来，各大平台也在最大限度地占领市场，例如阿里巴巴、京东、拼多多、美团等大型平台企业成立了由 CEO 直接领导的团队来完成此项工作，各大平台也无条件地从各个部门抽调人员加入该项业务团队。社区团购平台主要由五大主体构成，包括商家、前端平台、社交平台、团长、用户 / 消费者（见图 6-2）。

社区团购的整体交付模式和传统的零售交付模式存在较大的不同，传统模式遵循的是从"工厂—分销商—零售商—消费者"的链路模式，而社区团购遵循的是"订单—批发商或工厂"的交付模式（需求到供给的模式），这个模式提升了订单履约的交易精准度，借助互联网平台最终实现用户直连制造（C2M）的精准化预测，提供低价产品。在社区拼团初期，借助于团长的私域流量，实现引流和"最后一公里"履约，在此过程中节约了传统零售的中间交易成本，而终端为平台提供了精准化的爆品订单，利于实现线上化的大批量订单和类似 COSTCO 的精准选品的交易效率，而大型的平台将借助自身流量、地推为社区团购引流，进一步提升单品供应链规模效率，为消费者提供高效率的基于本地化品类的交易平台。

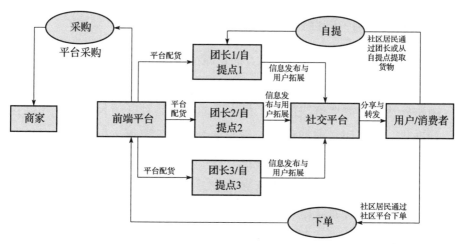

图 6-2　社区团购平台的运营模式

由于生鲜商品履约成本高，因此生鲜电商渗透率不高，未来有很大提升空间。社区团购利用社区"轻熟人"关系，大大降低了引流成本，同时降低了前端门店存在的必要性，实现更大化的盈利。如果辅以成熟完善的供应链，社区团购的模式就能够成功，而且为生鲜电商实现渠道下沉提供了一种思路。社区团购的优势主要体现在以下三个方面。

● 过去的生鲜电商主要覆盖一二线城市，目前在三四线及以下城市，社区团购的优势非常明显，社区拼团的价格要低于淘宝等线上电商平台的售价，同时它的及时性要好于传统零售电商。

● 社区拼团预售模式能有效降低库存，从而减缓库存损耗。"以销定采"，做到"零库存"，有效降低损耗，减少供应链中的牛鞭效应。

● 社区团购模式前端固定资产投入较少，模式较轻，相比前置仓有较低的引流成本和较少的前端投入，同时将"配送到家"改为"配送到店＋自提"，降低了履约成本，更能在三四线及以下城市成功。

2. 社区团购中的合作型员工

社区团购能够兴起得益于两方面：减少中间环节带来的低成本优势；社区熟人天然的低流量成本，能在早期获得较为快速的扩张。要提升社区团购渗透率，需要解决的一个最主要的问题是社区团长的服务和流程的标准化。头部团长前期稀缺，长期来看管理需要逐步标准化。团长在社群维护中扮演了较为重要的角色，社区团购高度依赖团长的运营管理能力，但是团长作为资源不具有独占性，并且忠诚度较低，因而必然会出现早期各大平台通过补贴争抢优质团长的情况。

从平台核心企业（平台的构建者和管理者）的角度来看，团长虽然不属于平台核心企业的员工，但其是整个社区团购中的关键成员，也可以看成是平台企业的合作型参与员工。平台企业不仅要考虑对这部分员工进行管理，而且要考虑如何实现与这部分员工的价值共创。对于合作型参与员工的管理要符合平台人力资源管理的逻辑，从以下四个方面着手构建这部分员工的管理策略。

一是要注意社区团购中多主体的目标一致性，具有共同的战略发展目标是实现共同获利的关键。

二是要建立科学、合理、人性化的关系整合机制，在给予团队一定自由权的同时，还要找到竞争与合作的平衡点。

三是要注意信息的公开透明，对团长的管理要充分利用数字信任的作用、公开必要的统计数据，让团长有充分的安全感在平台上继续工作。

四是团长是平台企业与用户的重要链接，平台在关注平台企业和团长利益的同时，还要将整个平台参与者的利益获取放到更重要的位置上。

第 7 章

平台的价值创造

商业模式界定了为什么处在同时代、同行业、具有同样资源（或者只有微弱差别）的企业的经营结果会呈现巨大差异。在平台这种新型商业经济体中，平台相关技术的使用：一方面改变了交易成本，如区块链技术对交易双方信任的影响，又如多渠道的信息检索和产品比价网站等降低了信息不对称风险，这极大地减少了投机行为；另一方面则改变了交易方式，不同于传统的现货交易，平台可以帮助供给方基于概念进行销售，当获得订单和预付金之后再安排生产，这极大降低了供给方的库存风险，也提高了需求方对产品的满意度。平台经济体对交易的改变见图 7-1。

显然，平台的产生改变了交易的成本和交易的方式，其最终的结果体现在价值创造方式的改变。因此，考量新型经济体中价值创造的基本逻辑具有重要意义。

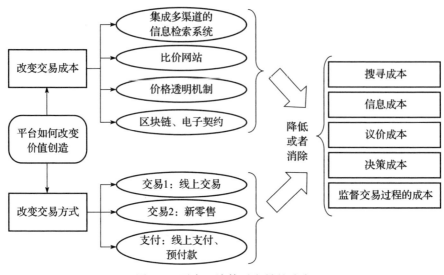

图 7-1　平台经济体对交易的改变

　　我们首先介绍不同模式的平台价值创造逻辑，其中着力对各种模式下的要素及要素间关系进行界定。其次，针对平台这种新型经济体超越传统企业经济主体的规模和范围之外的网络效应进行必要的讨论，这是平台经济体区别于企业经济主体的一大重要特征，这也决定了平台核心企业（平台的构建者和管理者）与参与者在资源和能力上的整合与重配。此外，我们还构建了平台价值共创的体系，平台作为一个开放式经济体，突破线性价值创造与传递，实现多线程并发及多节点同时参与网络化的价值共创是其又一重要特征。我们对这种体系的重要特征进行剖析，包括思维、定价策略、资源配置和价值共享等。最后，结合两个典型的实践案例展开讨论。

7.1　平台价值创造的分类

　　从平台价值创造的全过程来看，无论是哪一种类型的平台，其最终目的都是满足终端顾客群体的需求。这要求平台核心企业首先必须识别潜在的顾客群体和满足该类群体需求的潜在资源。其次便是平台核心企业在需求与资源之间通过确立连接属性,建立精准、敏捷、个性化的匹配机制,具体表现为一种由平台核心企业主导的双方或多方的互动过程,价值便是依托于这一过程而产生的。最终,涉及这一程序的主体便会依据既定的价值模型获取相应的收益。需求方获得产品或服务,供应方与平台核心企业则通常基于既定的契约不定比例地抽取交易费用。总之,平台价值创造过程的关键在于平台核心企业能否在供需之间建立快速且精准的连接,形成高强度的相互依赖性(见图 7-2)。

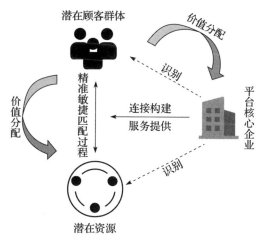

图 7-2 过程视角下的价值创造

虽然平台价值创造的过程梳理起来较为容易,但是实践告诉我们,这种价值的创造与获取实属不易,因为平台本身的复杂性导致平台价值创造存在诸多影响因素。平台会因为利益相关者类别(顾客、员工、供应商、物流商、金融服务提供商等)、平台规模、互动交易方式(一次性交易、租赁共享等)、监管机制的差异表现出不同等级的价值创造能力。平台的理想形态是一个持续、开放、多边共创、共生和共赢的系统,系统中利益相关者的异质性决定了平台交互的复杂性,几乎任何人都能成为平台的一分子。

　　例如，单边平台自身提供产品的交易与服务，传统电商平台会提供双边市场产品交易和物流服务等，而诸如海尔 COSMOPlat 的工业互联网平台则会提供定制化的服务，同时智能化地匹配原材料供应商、生产厂商等，甚至为社会个体提供一展才能的创业空间。平台规模决定了价值衍生的总量，平台中同时存在同边网络效应和跨边网络效应，单边用户规模的变化会促进另一边用户入驻平台的意愿，也会引起同边用户规模的再度扩张。互动交易方式是实现价值传递与分配的关键因素，更是平台可持续发展的重要因素。新颖的互动交易方式如共享模式的普及，不仅能吸引多边资源方入驻平台、促进平台规模扩张，而且能保障平台主体创造价值的能动性，如供应商与用户直接交互的 C2M 模式，通过去中心化来实现用户驱动的协同网络。在数字化时代，平台组织中信息的跨界性、流动性和透明化都获得显著提升，这无形之间降低了企业沟通与监管成本，在此情境下，以往网络中的"灰色收入"将无所遁形，网络主体的价值创造行为将受到平台中其他主体的监督，受到严格的规则限制（见图 7-3）。

图 7-3　平台价值创造的影响因素

　　总之，平台价值创造日益表现为平台核心企业（平台的构建者和管理者）跨界联合利益相关者形成具有开放性、包容性和可持续性的网络结构，通过资源（产品、服务和资金等）交换的连接属性满足平台终端顾客所需，同时实现网络价值的高效传递与公平分配。

从平台终端顾客是谁、顾客的需求类型、价值创造的方式等维度梳理，并结合现有研究，我们将平台的价值创造整理为以下模式：电商交易模式、共享型模式、内容消费模式、新制造模式。

1. 电商交易模式

电商平台是以满足终端消费者购买商品或服务的需求为目的，合理化地配置各种资源，高效率地将消费者需要的商品或服务送达其手中的系统。电商平台的价值创造产生于满足终端消费者商品或服务需求的过程中，和传统的企业相比，平台创造价值的过程不是基于价值链的而是基于价值网的，各利益相关者按各自贡献获得该过程创造的价值。典型的电商平台既包含京东、淘宝这样的综合电商平台，也包括携程、去哪儿这样的在线旅行社（Online Travel Agency，OTA）平台，还包括美团这样的生活平台。电商平台的典型商业画布如图 7-4 所示。

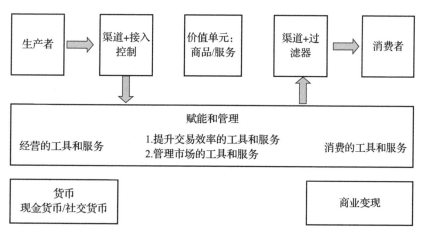

图 7-4　电商平台的典型商业画布

下面从角色和过程的视角来讨论电商交易模式中的价值创造。

（1）角色视角下的价值创造　主要角色有以下几种。

终端消费者。这是电商平台的价值源点，正是由于终端消费者的需求进入平台，后面一系列的价值创造过程才被触发了。

商家。在电商平台中，商家创造价值的方式是为消费者提供商品及其配套的服务，包括售前的咨询、售后的相关服务。

平台核心企业。平台核心企业一般就是平台的构建者和管理者，创造价值的方式主要有以下几种：一是为商家提供经营的工具及服务，目标是提高其收入、效率和降低成本；二是为消费者提供消费的工具及服务，如京东、淘宝 App 提供的拍照购物、增强现实（AR）购物、语音购物等效率工具，以及当消费者和商家之间发生交易纠纷时，平台核心企业可作为公正的第三方进行处置；三是为商家提供数据这一重要的生产资料，平台无时无刻不在产生数据，这些数据是重要的生产资料，只有平台的核心企业才具备能力挖掘并将其赋能给商家；四是为平台参与者创造一个公平、高效的交易环境。

物流公司。一个电商平台中一定会有物流公司这个重要角色，其创造价值的过程就是完成商品储存及配送。

服务商。平台上，除了消费者有需求外，满足消费者需求的商家也有自己的需求，比如，需要有人帮其代运营店铺、需要有人帮其做营销、需要有人帮其承担客服业务等。这些专门服务商家的商家在电商平台上被称为服务商，它们创造价值的方式就是满足那些直接给消费者提供商品或服务的商家的需求，如电商平台内的主播、文案写手等。

第三方开发者。基于互联网技术而发展的电商平台不同于传统的线下集市，其创造价值的很多环节发生在网络上，因此，需要借助技术的力量。比如，商家可能需要一个工具帮其检查商品是否重复铺货（铺货是指同一家店铺内同时存在两款或两款以上相同的产品，这是一种违规行为，会面临平台的处罚），可能需要店铺营销小工具。而成千上万的这类个性化需求不可能全部由平台核心企业提供，因此，一个电商平台会吸引很多第三方开发者，让它们去满足商家的个性化需求，此时第三方开发者能在一个电商平台上创造价值。

金融机构。商家和消费者之间的资金流需要通过金融机构完成，金融机构通过资金流动过程来创造价值。

（2）过程视角下的价值创造　电商平台这种新型经济体之所以较之前的价值链而言能创造更大的价值，主要源于其解决了需求方和供给方之间的交易阻力。以阿里巴巴 B2B 交易平台为例，1999 年其创立时，我国的中小企业面临着以下五个方面的挑战，阿里巴巴正是通过解决这些阻力、为平台的参与者创造价值而发展壮大的。

- 有限的地理分布限制了中小企业跳出本地市场去发展与其他地区客户和供应商关系的能力。
- 供应商和卖家碎片化，很难发现适合的交易伙伴并与之进行沟通。
- 通信渠道和信息来源受限，难以在市场上进行买卖并推销产品和服务。
- 业务规模相对较小，限制了可以出售和营销的资源。
- 在评估交易伙伴的可信度方面缺乏有效机制。

电商平台最终的价值体现就是 GMV，同时也需要考虑到在这个过程中耗费的所有参与者和平台核心企业（平台的构建者和管理者）的成本，他们之间的差值是这个平台的净价值。经常会听到"某某平台亏损"，显然，这不是一个非常精确的说法，亏损只是平台核心企业股东的亏损，这个平台一定是有净价值的，否则平台不可能存在。

2. 共享型模式

从共享单车到共享汽车，从共享住宿到共享充电宝，共享经济风生水起。到底什么才是真正的共享经济？全球公认的"共享经济之父"杰里米·里夫金曾指出，当服务和商品的边际成本降到了零，促进了一个新的经济系统的诞生，那就是共享经济。共享经济逐渐成为主导企业平台创新的原动力。国外的爱彼迎（Airbnb）、优步（Uber）与国内的自如、曹操出行等企业利用在线分享式的平台架构使得居住共享和乘车共享成为可能，它们通常借力于市场大众对服务的规模化需求，以激活社会资源的利用率为目的，整合大量闲置资源，从时间和空间上同时降低双（多）边市场的信息搜索和匹配成本，这意味着企业一旦先发制人地识别和抢占需求的制高点，其网络规模将会呈现指数级增长。普华永道数据显示，预计到 2025 年，参与到共享经济的企业的收入将达到 3 350 亿美元。

由此可见，共享经济俨然成为推动经济增长的新方向。然而对共享经济的受众来说，共享经济大多集中于住宿、餐饮及旅游等服务行业，诸多企业形成了基于共享经济的协同消费系统。目前共享模式渐渐渗透至实体经济，随着制造业服务化的推进，共享经济正以不同的形式嵌入制造业服务生态系统的设计中，需要构建以平台为中心的生态系统实现与利益相关者共同的价值创造。共享经济在制造业领域的深入渗透、全面融合、再次创新，对重构我国供给侧结构、去除产能过剩具有十分重大的意义。

（1）共享的"真伪"之辩 共享经济又称分享经济。在《现代汉语词典》（第 7 版）中，"分享"意为"和别人共同享受（欢乐、幸福、好处等）"。这一过程伴随着双方主观意愿、目的和行为的一致性，一方愿意分享，另一方愿意使用。从语义的表述中无法分辨出分享的内在属性，然而分享有偿与无偿之分，在市场经济中的分享通常指的是有偿的分享。

共享经济是共享人力和非人力资源的社会经济现象。Botsman（2013）

指出，共享经济是以货币或非货币收益为目的，对空间、技能、物品等闲置资源的分享交易模式，过程中涉及产品和服务的合作创造、生产、分销和消费[⊖]。共享活动可分为商品再循环、提高耐用资产利润率、服务交换和生产资源的共享。共享经济的形成受社会、经济和技术三方面共同驱动，是资源持有者基于互联网技术转租闲置资源，最大化利用资源价值的交易模式。大多数情况下共享经济被理解为一种新型商业模式，共享的过程中虽不发生所有权的转移，但能产生经济收益。

由于共享经济始终以获取和创造价值为目的，因此对于共享真伪的本质探索成为热议话题，共享经济伴随着交易行为的产生，通常是给予供需匹配的有偿分享。共享经济由于涉及个体之间的交易，因此它具有一定程度的风险，这也是为什么市场上一些共享平台经常被政府相关部门要求整改的原因。回归共享的语义，目前所看到的共享经济，多数在实质上是一种共享时代下的租赁。关于如何界定共享的真伪，笔者觉得应该关注的是共享价值的主体和共享行为的初衷：共享的主体首先一定是闲置资源的持有者，这表明当前的共享单车、共享充电宝实质上是以需求为标准、忽略了供给源的一种次级共享模式；其次，当我们决定参与到共享经济当中时，必然秉承着自发性的特质，以一种"我为人人，人人为我"的心态来实施共享活动，这本质上是出于利他性思维。因此，真正的共享并不在于外在的表现形式，而是在于共享者的内在思维与心理，真正的共享活动也必定是以有偿为基础，建立在社会正面影响（绿色、环保、安全）之上的社会行为。

（2）共享的价值表征　用户价值是实现共享经济的关键，它在一定程度上代表着共享经济活动中的共享价值体系，可以进一步细分为技术价值、社会价值、经济价值和情感价值。用户不会将关注点放在拥有产

⊖ BOTSMAN R. The sharing economy lacks a shared definition. ［EB/OL］. ［2022-07-26］. http://www.fastcoexist.com/3022028/the-sharing-economy-lacks-a-shared-definition#1.

品本身的价值上，而是将关注点放在使用价值的获取上，成本、沟通和便捷性是吸引用户参与共享过程、实现价值创造的三大因素。交易主体之间的信任度决定了监管系统的必要性，另外，共享经济建立以平台为中心的生态系统，旨在整合不隶属于自身的资源，形成价值共创的资源池。

3. 内容消费模式

内容平台是以满足终端消费者获取信息和知识的需求为目的，有效地组织创作者满足其需求的系统。内容平台的价值源点是人们对信息和知识的诉求。

（1）内容平台的分类　一般而言，人们日常使用内容产品的理由无非资讯获取、知识学习、消费决策、消耗时间，当然也可能存在一种产品同时满足多个需求的情况。比如人们刷微博可能既为了获取资讯，也为了消耗时间。因此，可以将内容平台分为四大类：一是资讯平台，如今日头条、梨视频；二是知识平台，如慕课、Coursera、知乎、喜马拉雅；三是内容电商平台，如小红书、宝宝树；四是娱乐平台，如抖音、快手、网易云音乐。

另外，也可以按照信息的形式对平台进行分类，一般可分为三大类：一是图文平台，如今日头条；二是视频平台，长视频平台如优酷、爱奇艺、腾讯视频，短视频平台如抖音、快手；三是音频平台，如喜马拉雅、网易云音乐。当然，很多平台在传递内容的方式上往往图、文、音、视都有所涉及。

（2）角色视角下的价值创造　主要角色有如下几种。

读者。这是内容平台的价值源点，正是由于人们对于信息和知识有着原生的诉求，这才推动了平台上的各参与方为此而努力，协作创造价值。

创作者。这是内容平台最直接的价值创造者，创作者创造价值的方式是为消费者生产他们需要的消费内容。

平台核心企业（平台的构建者和管理者）。平台核心企业创造价值的方式有以下几种：一是为创作者提供创作的工具及服务，目标是提高其创作效率，如微信为公众号平台创作者提供定时发布文章功能；二是为读者提供阅读的工具及服务；三是为平台创作者寻找商业变现的方式，即建立流量变现渠道；四是为平台参与者创造一个公平、高效、稳定的环境，比如保护创作者的知识产权、监督平台内容以符合国家规定，避免因部分"坏人"生产的违规内容而给整个平台带来灾难。

第三方开发者。微信平台上有很多第三方开发者为用户开发的小程序，他们创造价值的方式是用小程序提供的功能满足平台用户的个性化需求。

广告商。广告商创造价值的方式是给予平台外生的资金，以补偿创作者、第三方开发者、平台核心引领者的无差别劳动，同时广告商也可以为用户提供商品。

商家。商家不同于广告商，商家是内容平台上直接给用户提供商品或服务的主体，如抖音小店、快手小店，通过内容平台核心企业（平台的构建者和管理者）招商而来，受核心企业监管，它们创造价值的方式是给用户提供商品及服务。

服务商。随着内容平台的演化发展，创作者也会产生很多需求。比如，他们可能需要有人帮其出版书籍，也可能需要有人帮其打官司维权，而这都可以通过引进服务商来满足，服务商创造价值的方式正是满足创作者的需求。

（3）过程视角下的价值创造　内容平台相较于传统的门户网站，如搜狐网、新浪网等，其最大的价值是缩短了读者和内容之间的时空距离。传统的门户网站采取的是编辑生产内容的方式，需要大量编辑人员才能确保新闻时效性和内容丰富度；而今日头条等内容平台却能整合几百万名创作者，无论何时何地发生了新闻事件，都有创作者在极短的时间内将这些事件编辑成内容传递给读者。

内容平台很难像电商平台一样，没有一个指标可以衡量其经济价值，读者从平台上看新闻、学知识，进而转化为生产力为社会创造价值，这部分是很难量化的。一般而言，可以用内容曝光次数去衡量内容平台的价值。

4. 新制造模式

数字技术的出现颠覆了传统制造业企业的经营方式，拥抱互联网已经成为传统制造业企业转型升级的必然趋势。不同于传统的规模化、标准化制造，新制造模式讲究的是智慧化、个性化和定制化。国务院发展研究中心信息中心李广乾在对新制造到底新不新的辨析中为我们正确地理解和认识新制造提供了真知灼见，他认为新制造涉及以下三点内容：一是要实现制造与服务的融合，二是要实现个性化、智能化和定制化，三是要运用好大数据、云计算、互联网等尖端数字技术（见图 7-5）。一种具象化的表现形式便是 C2M 商业模式的涌现。围绕供给侧结构性改革，以深化高质量发展为主题，新制造模式的培育主要依托两种路径：第一，由具有资源整合优势的行业头部企业主导，通过构建工业互联网平台，优化供应端和生产端的资源配置，实现降本增效的目的，典型代表有海尔的 COSMOPlat。第二，由具有先天流量优势的互联网企业主导，通过对终端消费者需求的预测，反向渗透制造业企业，使其构建供应端柔性制造系统，实现从规模化量产到大规模定制的转变，典型代表有阿里巴巴的犀牛工厂、拼多多的"新品牌计划"。无论由谁来主导生产制造模式的变革，其核心要义都是聚焦于对用户个性需求的感知，来实施柔性化、敏捷性的供应和生产，从而满足用户的个性化需求。

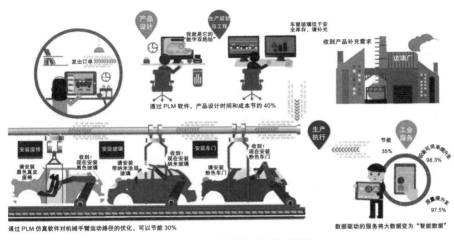

图 7-5　新制造模式的示意图

（1）新制造商业逻辑　新制造模式是互联网情境与工业情境深度融合下的一种商业模式，它代表着新制造的核心企业如何根据其提供给用户的价值主张来创造和实现价值。

第一，只关注眼前用户不是新制造思维。诸多制造业企业以生产制造为核心，它们主要服务的用户群体是其下游的 B 端企业。然而单纯聚焦于 B 端企业足够吗？显然，新制造模式诞生的一大原因是为了满足用户的个性化需求，这就要求企业在描绘自身用户时更要考虑用户群体的关联性需求，这就是为什么企业要去理解用户、熟悉用户，甚至要去了解和熟悉用户的用户。

斯坦福大学经济学教授布莱恩·阿瑟在《技术的本质》一书中指出，技术（所有的技术）都是某种组合[⊖]，任何具体的技术都是由当下的部件、集成件或系统组件构建或组合而成的。这就意味着现有技术会基于不同情境衍生出新的技术形式，产品的创新源自一系列技术的商业转化。沿着这一脉络换一种方式思考，在观测到技术在以原始状态逐层组凑、创

⊖　阿瑟. 技术的本质 [M]. 曹东溟，王健，译. 杭州：浙江人民出版社，2014：5-11.

新时，是否也应该在传输技术或产品的同时考虑技术潜在价值释放或产品使用过程中所面临的一些能产生增值的影响？传统技术显然无法捕捉到后续技术所产生的衍生性结果，但是在智能制造时代，更加广泛的需求能被捕捉，大量传感器设备的搭载使得消费者的周身数据得以被感知，这种情境下，我们其实能做的远远不仅是将原始技术或产品传递给所需要的企业或个人，还能指导如何去运用，运用到什么地方，怎么用才能用得更好。

因此，提供新制造的平台企业不仅要关注用户的现实需求，更要捕捉满足这一现实需求的过程中所产生的一切附属需求，平台要尽量去实现附属需求与外界资源的匹配，这便是平台商业视角下新制造模式所要提供给用户的价值主张。这种主张的背后并不是要抢占细分市场，而是切实的阿里巴巴的逻辑——"让天下没有难做的生意"，让更多围绕技术或产品的隐性需求和以往难以实现的交互状态真正得以实现。

第二，新制造的平台价值属性认知。商业模式的关键在于根据平台所提供的价值主张设定价值创造与传递的方式。对新制造模式的平台架构而言，这种平台商业模式所创造的价值究竟是什么？这种价值能否得到具体细化？笔者在这里大胆地提出一个想法，即用这样一个约等式大致概括新制造的平台价值：新制造平台价值 ≈ 前端体验价值（front value-in-experience）+ 过程交互价值（process value-in-interaction）+ 后端使用价值（backend value-in-use）。这一约等式不仅仅能表达价值是如何来的，也能告诉大家新制造平台的价值是如何创造与传递的。

前端体验价值是指用户在参与价值创造过程当中，即用户参与产品的研发设计所产生的价值。这种现象在海尔、小米等企业比比皆是，在小米社区，专业"米粉们"能提出针对产品使用前、使用中、使用后的建议，还能自主参与到相关产品功能、App研发当中——这些平台产生的就是前端体验价值。虽然这一过程中小米会给予参与者奖励，但是这种参与行为更多情况下取决于用户的自主性。过程交互价值是根据平台的本质所衍生出的价值属性，杰奥夫雷·帕克等在《平台革命》一书中提出，互联网平台所起到的关键作用就是"过滤器"，平台要提供多方交互的渠道，让更多的交易能跨越一切阻碍得以实现，这种渠道为 B 端企业或 C 端用户带来的实质上是更加简单、便捷和高效地满足需求后所获得的喜悦感[一]。使用价值的框架早在 " Assessing Value-in-Use: A Conceptual Framework and Exploratory Study" [二]一文中有过翔实的论述，即使用价值是通过服务为用户实现的产出、目的和目标。

在新制造平台中重新认识使用价值：使用价值本质上是产品交付后，企业和利益相关者为用户提供的一切能促进用户更好地使用产品的服务价值，最典型的例子莫过于产品全生命周期的管理体系与众多工业服务企业所提供的服务解决方案。我们可以看到，产品的交易价值实际上在平台价值体系中表现得微乎其微，因为在新制造平台中，真正创造和传递价值的不再是产品本身，而是基于用户导向的全过程交互。产品不再是一种简单意义上的操作性资源，而是一种能维系企业与用户情感、创造额外附加值的重要载体。

从价值主张、价值创造和传递的角度来剖析新制造的商业模式逻辑，不难发现：新制造所提倡的价值主张是一种基于多类别用户群体的综合型价值主张，只考虑满足一类用户的基本需求是远不足以支撑起整个平台架构的，同时新制造价值体系的复杂性也表征了企业在价值创造和传递过程中的高度复杂性。具有复杂性特征的多种构件共同支撑着新制造的中层架构，因此，这种模式本身就是一种混合、复杂的商业模式。

○ 帕克，埃尔斯泰恩，邱达利. 平台革命 [M]. 志鹏，译. 北京：机械工业出版社，2017：35-73.

○ MACDONALD E K, WILSON H, MARTINEZ V, et al.Assessing value-in-use: a conceptual framework and exploratory study [J]. Industrial marketing management, 2011, 40 (6): 671-682.

　　新制造扎根于数字经济与互联网经济时代，其制造业企业的生产经营理念与商业模式发生了颠覆性变革。新制造将大数据视为驱动力，云计算作为生产力，通过需求获取、原材料采购、加工生产流程和营销等全流程的数据驱动解决大规模生产与个性化定制之间的矛盾，驱动网络主体实现产品或服务的"精优"配给。

　　就制造业的发展趋势而言，三大转变能解释新制造的新颖之处。

　　第一，制造业企业价值创造载体的变化，制造业企业正逐渐由传统产品制造商向系统集成方案供应商转型。面对强不确定性的技术环境与多样化的市场需求，产品自身的价值已经远远不能满足人们日常生活所需，用户还需要由产品所衍生的价值。因此，围绕产品使用周期的系统解决方案，成为企业为用户提供可持续性、互动式价值创造的重要途径。

　　第二，企业生产模式的变化，企业向更加柔性化、定制化方向转型。随着生产过程成本的不断攀升，制造业企业亟待引进智能制造装备、搭建智能制造系统来提升企业生产制造过程的柔性化，以降低库存成本，减少原材料资源浪费，提高生产效率和产品良品率。

　　第三，"互联网＋"模式促进制造业价值链向价值网商业模式的转变。在以工业互联网、大数据、云计算等为基础的新一轮科技革命不断深化的背景下，"互联网＋制造"在国内得到广泛推广，逐步改变了传统制造业的生产理念、经营模式及消费模式。传统生产模式下的制造业价值链是由上游材料、中游制造向下游应用端单向传导的，客户端的个性化需求难以得到满足，而"互联网＋制造"可以实现制造业价值链的双向传导，形成附加值更高的价值网，串联产业链各个环节，创造新的发展契机。

　　综上所述，我们认为新制造模式是以用户为导向，制造企业通过数字技术的应用，整合产业链上下游资源，重塑价值链全流程，实现降本增效的同时，达到企业、用户、供应商等利益相关者价值共创的目的。

（2）生态资源整合是新制造模式实现的前提　无论 COSMOPlat 还是 iSESOL，抑或是其他企业的新制造尝试，它们无一例外都是由多边资源相互依附和积聚而成的，不同资源主体彼此基于优势的互补和价值的共创联合在一起，对离散资源的整合是构建柔性供应系统的基础和前提。从本质上讲，新制造是一种以互联网经济为载体的平台模式的延续，只不过这种模式的独特之处在于工业领域应用场景的拓展，其借助互联网、大数据和云计算等技术，配以大量传感器设备融合传统生产制造技术打造工业互联网平台。不同于交易平台局限于双边资源的匹配，新制造平台更加强调平台资源的丰富性，即网络平台中不仅包括产品的供需双方，还包括隶属于制造价值链、产业链体系的供应商、服务商和物流商甚至金融服务机构或政府机构。

以海尔的 COSMOPlat 为例，平台资源极其丰富，设计资源、研发资源、生产资源、物流资源，甚至金融资源和政府资源等一系列价值链资源均能挂载到平台之上，平台实现了产、学、研、用、资、政等跨领域资源的整合，并形成以用户需求为核心的生态系统，平台提供方的主要目标是通过信息技术识别消费者的需求，并协调好一切有关资源，做好资源的精准配给。因此，新制造模式实现的关键前提是平台提供方能够整合不同领域价值链上的关键资源，实现生态资源的聚合。

（3）新制造模式的三大核心能力　一是大规模定制能力。随着消费者主权时代的到来，用户需求的碎片化、多样化和个性化成为时代的主要特征，大规模定制将成为这一时期制造业的主旋律。新制造模式的一个关键核心能力便是产品的大规模定制能力。海尔 COSMOPlat 的一个主要理念便是用户要参与到产品设计、迭代、生产制造、物流出库、产品交付的全流程当中，它赋予了用户表达自身个性化需求的能力，用户不仅是价值的最终享有者，而且完全地参与到产品的价值创造过程中。用户能够自主提出对产品的修改意见，由设计师负责该类需求的实现，再由生产商实现产品的规模量产。可以肯定地说，平台中的一切资源都是为了满足消费者需求，这一过程是直接的、并联式的双向交互，并非串联的单向传递，即所有价值链的资源均能同时察觉到用户需求的产生，并与用户进行有关产品创造的实时互动，平台通过这一方式能最大化地满足用户对于产品的定制化需求。

二是围绕消费者生命周期的互动能力。消费者主权时代来临，可以预见的是以制造业企业为核心的产业互联网将成为主战场。在产业互联网中，体验经济正在悄然成为社会经济发展的一股原动力。立足于消费者场景化的体验，不间断地提供沉浸式、互动式的服务成为核心企业掌握消费者动态需求的关键。因此，新制造模式强调围绕产品（消费者）生命周期提供服务，这是建立在"服务导向"的价值创造理念上的，即企业首先要具备"服务即产品"的认知，产品仅仅是企业与消费者维持情感互动的载体，企业能通过消费者的参与创造更多的附加值服务。其次，企业与消费者的互动并不局限于传统的售后服务，而是针对产品研发设计、生产制造、物流配送和售后使用过程的全生命周期，言外之意便是利用一切能与消费者接触的机会创造独立于产品的附加值。

COSMOPlat 平台提供产品全流程的服务体验，消费者可以提出个性化的需求与设计师和研发团队共同设计、完成产品变现，过程中消费者还能通过佩戴介导现实（MR）设备置身虚拟场景感受智能制造全流程，COSMOPlat 产品全流程的服务体验的理念便是利用数字化、智能化的技术，突破场景时间、空间的限制，通过创新服务体验场景来创造更多情感附加值。有别于 COSMOPlat 的方式，iSESOL 平台受到机床产品本身性质的影响，它的全生命周期理念存在一个后置，即围绕消费者使用机床产品的周期提供定向化服务。机床制造企业通过在机床上搭载大量传感器来获得机床运行的状态数据，进而根据数据的实时分析提供远程机床诊断、在线工厂监控、精益生产、工艺系统等服务，最大限度地创造与消费者沟通的机会。两者的差别一方面源自产品本身的定制化程度，基于产品全流程的场景创新所衍生出的生命周期服务或许更适用于定制化程度较高的产品。而就能获取使用数据的一些产品而言，企业可以考虑针对消费者使用产品的运行数据来提供后端生命周期的附加值服务。

三是"治理游戏"的规则设计能力。平台提供方要想办法将传统供应链打造成围绕消费者需求而设计的供应网络，建立供应链节点与消费者直接交互的渠道。这得益于平台提供方能确立一个吸引消费者、供应链资源入驻平台的"治理游戏"规则，这种规则最主要的作用在于规范不同主体服务消费者的行为，使他们心甘情愿地为消费者提供优质的服务。

以 iSESOL 为例，其最底层模式源自沈阳机床 i5 的 U2U（user to user，强调社交平台上用户和用户建立联系与关联）价值分享模式，U2U 价值分享模式的根本就在于关注消费者使用机床产品创造价值的过程，而非产品本身。消费者可根据自身经济实力水平，选择不同的机床租赁方案，以极低的成本获得机床的使用权。平台核心企业（平台的构建者和管理者）获益的关键在于其所构建的共享价值的规则，即与机床相互绑定的零部件供应商、核心企业、企业员工的利润均来自消费者使用机床所创造的价值，当机床处于正常运作状态，这些利益相关者便会获得实时的资金流入，一旦这种规则建立在网络层面，那么这种资金流便会呈指数级增长，所有利益相关者都会从这个模式中获得收益。这时所有利益相关者最关注的不再是自己赚了多少钱，而是与其相互绑定的那台机床是否在正常运作。这也就倒逼着零部件供应商提供最好的零部件，核心企业提供最好的售后服务，企业员工表达出最真诚的服务态度。

因此，新制造模式下企业实现价值共创要做到：一方面，企业要打造围绕产品或用户全生命周期的服务来为用户创造更多的附加值；另一方面，企业要建立能吸引利益相关者主动参与价值创造的规则，这种规则的关键在于能将不同利益相关者价值获取环节相互绑定。

（4）技术角度解析新制造模式的基本架构　从技术的角度解析，新制造的架构主要包括基础网络、核心平台和网络安全体系三个层面。

一是基础网络层面。基础网络是工业互联网平台得以实现的基础，工业互联网需要实现全产业链要素的互联互通，使数据在网络中畅通无阻地流动。基础网络层面的关键在于要注重数据获取的广度、速度与深度，通过面向社会范围的、深层次的数据采集，借助异构数据库处理技术与边缘处理技术实现大范围的数据透明访问与实时性转换。基础网络在底层链接人、设备、产品、工厂车间和企业等基础元素，在过程中集成研发设计、采购、生产、物流和服务等全价值链条。网络基础的建设与投入是为了获得支撑整个网络运行的数据基础，最大限度地提升对数据的响应能力，这在一定程度上体现出数据作为生产资源在工业互联网中的重要作用。

二是核心平台层面。数字平台被定义为一套共享的、通用的服务和架构，用于支持互补性的数字产品。在工业互联网情境下，数字平台更像是一个大脑，控制和实现资源的高效配置。当海量数据集成到云端后，平台层面的关键在于数据与模型的深度结合，企业需要对数据进行深度建模分析，基于通用的 PaaS（平台即服务）叠加大数据处理、工业微服务等创新功能，构建可扩展的开放式云操作系统。工业微服务能实现对既往生产流程体系的解构，形成富有多样化服务与功能的资源池。其中资源的拼凑与组合由特定的需求决定，用户或开发者能通过不同类型资源的组合开发个性化需求的工业 App，一旦开发成功，所受益的并不是个体而是整个网络。总之，从技术的属性着眼核心平台层面，平台本质上提供了一种大体量、低门槛、易操作和高频率的知识交互渠道，它实现了由海量数据到类别信息，再到特定价值资源的知识创造过程。

三是网络安全体系层面。任何情境下，网络安全都是热议的话题，尤其在工业互联网领域，网络安全体系不仅保障个体企业的权益，还会涉及工业、经济发展乃至国家安全的风险规避。我国从 2017 年便开始强化工业领域网络安全的管控，国务院发布《关于深化"互联网＋先进制造业"发展工业互联网的指导意见》，强调提升工业互联网平台的安全防护能力，建立数据安全保护体系，推动安全技术手段建设，还布置了安全保障能力提升工程。2018 年，工信部印发《工业互联网平台建设及推广指南》，提出要完善工业互联网平台安全保障体系，制定完善工业信息安全管理等政策法规，明确安全防护要求。工业互联网的安全建设既要抵御外部环境中可能存在的恶意攻击，也要稳步提升对工业互联网各级平台层次的标准化管控能力。具体而言：一方面，平台需要通过打造工业防火墙以及建立恶意代码防护、访问机制等措施与各个操作层面相结合，形成风险识别、防护、安全检测、响应和系统恢复的闭环工作流程；另一方面，需要进一步推进工业互联网平台安全的标准化工作。

为什么要发展新制造？根本的出发点仍是时代的需求。众所周知，实体经济是国民经济的支柱，美德两国已率先发力，前者利用长期以来的软件研发优势大幅度提升制造资源的配置效率，降低生产成本，后者致力于提供高精度、高品质的仪器设备，基础设施优势明显。我国通过新制造力求大幅度提升行业制造水平，促进全价值链资源配置优化，激发社会范围的价值创造，提升系统的整体效能。从市场需求的角度看，个性化、多样化的需求离人们并不远，尽管无法达到"定制世界"的程度，但是定制的理念和意识正在悄无声息地进入日常生活，如冰箱、西服、空调、洗衣机等中。人们能抒发自己想法的情况越来越多，当这些个性需求变得规模化之后，传统的生产制造模式将不复存在，这也是为什么传统制造业要做大规模定制，大规模定制的企业要做工业生态，甚至连阿里巴巴、腾讯这些互联网巨头也在试图扩展工业云版图，如果说"定制世界"是一个终极理想的话，那么工业互联则是迈向它的第一步。

工业互联网体现了我国制造能力与制造实力，能够改善人类生活品质、提升人类幸福指数。无论是身处行业领先地位的龙头企业，还是努力生存和发展的中小企业，工业互联网对它们都有吸引力。明晰不同主导者的责任将是工业互联网普及的关键，龙头企业牵头与互联网企业共建垂直领域的工业互联网平台，中小企业积极上"云"，投身新制造，未来所有企业都将在工业云中实现"云"海遨游。

（5）新制造模式的底层思维逻辑　接下来对新制造进行系统性的总结，畅想新制造的未来。

先从认知层面系统概括新制造的底层思维逻辑——量子思维。

第一，量子思维的缘起。新制造模式的诞生得益于大数据、云计算等互联网信息技术所造就的互联互通的情境，这类技术降低了企业搜索成本与交易成本，颠覆了社会价值创造的方式。技术以一种看得见、摸得着的方式改变着人类生活的方方面面，然而面对众多颠覆性技术，企业如何运用好它们才是关键。实际上与技术创新相比，新制造模式的深层逻辑在于思维的创新，任何技术都需要思维的牵引才能成功与组织现有的惯例和流程相互融合，进而释放其潜在的价值。

第二，量子思维的本质。量子思维最早由丹娜·左哈尔提出，其前提假设是世界是不可预测、不确定和复杂多变的，需要根据社会的发展情况随时进行动态调整，可以看出量子思维主要是用于面向不确定性的一种思维逻辑。这与目前企业所处时代的特征以及企业在这个时代所展现出的行为模式相符。

结合海尔 COSMOPlat 与 iSESOL 新制造的案例，我们将量子思维具象化地解读为"以人为本，以用户价值为驱动，持续交互是关键"。

新制造本身就是一个赋能的大平台，这在海尔的"人人创客"中得到很好的体现。张瑞敏曾强调，无论领导的才能有多大，都不及众人的智慧。企业领导者更多地扮演着资源提供者的角色，只有充分地授权，发挥众人的智慧去探索市场中的未知，使每一个人为自己谋生，才能最大限度地激活个体的责任感与潜力。

企业需要看清用户才是价值的源头，这也就意味着企业要围绕用户的需求来做事，掌握每一个用户的需求意味着控制了价值的源头，要竭尽全力满足用户的需求。这种思维的根源在于从系统的视角理解用户及其需求。实质上两者本来就是相互匹配、相互作用的整体，密不可分，这便是量子纠缠。iSESOL 平台为每一台 i5 机床都配备了专门的由不同职能员工组成的服务小组，这些人围绕用户的需求工作，用户的需求会第一时间得到满足。海尔的"人单合一"更是如此，员工由用户付薪，在这种情境下，任何一个员工都被用户价值所驱动，员工只有通过满足用户才能实现自身价值的攀升。因此，"人单合一"也具备量子纠缠的特征。只有以用户价值为驱动，才能放大终端价值，实现多方利益的共赢与共享。当企业建立了以用户为核心的体系之后，便能不断地与用户沟通和交流，实现产品的迭代升级或定制化服务的精准供给。这一过程的关键在于通过激活主体交互的持续性来维持整体价值流的稳定。

7.2 可持续共创网络效应

网络效应是平台经济体超越传统经济体从而进行价值释放的主要原因，我们接下来将探讨网络效应对价值创造的作用逻辑，包括平台网络效应的价值源点、价值创造模式的转变、网络效应的涌现机制。首先，本书认为网络效应对价值创造具有加乘作用，主要体现在网络效应对传统商业模式的改变及对新兴技术的运用上。其次，鉴于平台价值创造过程中出现的多线程、网络化模式，我们将聚焦平台价值创造从点到体的衍生转变。最后，围绕平台网络效应的基础、平衡多方利弊、经济价值和社会价值并重三个要点展开，介绍可持续共创网络效应的涌现机制。

技术对平台网络的促进作用是巨大的，但是规则性技术逻辑驱动的服从式生产模式已经不能适应现阶段平台经济的发展，而整体性技术逻辑驱动的服务式生长模式才能让我们认识到技术与人的辩证关系。

1. 价值源点

大数据、云计算和物联网等技术的飞速发展推动了企业层面的商业模式变革，众多复杂的商业模式应时而生。技术与商业模式孰轻孰重的讨论已经持续良久，人们能从众多经典的案例中察觉到两者之间相辅相成的作用，倘若没有网络信息技术在日常生活中的广泛应用，各大企业也不会争先恐后地尝试平台商业模式。在谈及颠覆性技术的同时，对于商业模式的思考也已经潜移默化地存在于我们的脑海之中，单纯地聚焦其中一个方面显然已经无法立足于时代的竞争中，颠覆性技术需要匹配适当的商业模式才能更好地瞄准市场的突破口，服务更多的终端用户。因此，有必要明确技术与商业模式的本质与它们两者之间的内在联系，这将有助于更好地理解两者的本质关系，也有助于企业明确如何利用和平衡技术与商业模式创造更大的价值。

（1）商业模式的本质　商业模式是价值创造的逻辑表述，从为谁创造价值、创造怎样的价值、如何创造价值三个方面能清晰地刻画和理解商业模式在企业战略制定与日常经营中的关键作用，它是衔接企业战略层面与执行层面的一座桥梁。好的商业模式能帮助企业更好地贯彻企业顶层战略，形成高效的组织惯例，甚至支持企业与行业领先者竞争。

人类的部分需求不能得到满足是因为现有企业一直在追求高端市场创新，追求更高的利润率。那么，干扰者角色的意义就在于满足那些被忽视的、真正的需求，从而夺取市场份额[⊖]。对任何企业而言，商业模式

⊖　克里斯坦森. 创新者的窘境［M］. 胡建桥，译. 北京：中信出版社，2010：73-92.

首先解决的便是需求来源的问题，如何更好地找到需求所在：真正的需求不是空穴来风，不是个人臆测，而是真正有所需，是真实存在的市场，只是尚未被发现。企业在创业之初往往受制于真实的用户需求，用户导向始终陪伴着企业商业模式设计和调整的持续进程，它决定了平台企业设计交互模式的缘起。淘宝、美团和抖音能快速崛起的原因便是对用户需求的全面透析；以需求为导向的商业模式，预示着一众亟待被满足的需求、一个良好的公司前景和一个亟待被激活的市场潜力。这也是创业企业吸引投资的重要因素——创业企业可以没有成熟的技术，但是不能没有清晰的商业模式。

（2）技术的本质　布莱恩·阿瑟在《技术的本质》一书中系统地探索了技术的本质特征，其中之一便是所有技术都是某种组合，这意味着任何技术都是当下的集成件，这些技术都会利用或开发某种"现象"。从技术结构的角度看，这种组合结构持续被分解，将达到不再属于技术的"现象"或"效应"。技术的本质是那些最原始并且已经展现出来的自然现象⊖。毋庸置疑，技术创新时刻影响和改变着人们的日常生活、认知、行为和习惯，人类的进步需要技术在特定的场景之中发挥独特的价值。从创新路径来看，技术创新大致分为传统正向技术创新和逆向技术创新：前者在于先有成熟的技术，再考虑市场化进程；后者则是通过瞄准潜在市场倒逼现有技术的渐进式变革。显然，一个技术的成熟需要历经漫长的迭代过程，两者最大的不同在于技术应用场景的切入点与时机，这一点至关重要。

亚马逊在 2014 年推出过一款名为 Fire Phone 的智能手机，未正式推出之前便成为国内外智能手机厂商争议的焦点。该手机技术含量较高，并成功将亚马逊的众多资源整合于一身，但遗憾的是它并未受到众人的

⊖　阿瑟. 技术的本质 [M]. 曹东溟，王健，译. 杭州：浙江人民出版社，2018：1-22.

推崇，原因就是一些特定的功能华而不实，并不符合当下用户的真实需求，其中"3D动态角度功能"虽然极具科技感，但实际上众多用户反馈这一功能并不能优化用户的使用体验，反而成为手机定价居高不下的累赘。该手机失败的原因不在于产品本身，而在于误判了技术应用场景和切入时机。

在需求大于供给的情境下，技术创新模式俨然已经改变，逆向技术创新更加强调与需求相结合的创新效应，这不单纯体现在终端用户的层次，更是社会进步与国家经济发展的显性需求。颠覆性技术强调从低端或边缘市场切入，以简单、方便、低价为初始阶段特征，随着性能与功能的不断改进与完善，最终取代已有技术，开辟出新市场，形成新的价值体系。由此看来，优先挖掘技术应用的真实场景，选择合适的切入时机，才能更好地实现技术的商业转化。

无论是技术创新还是商业模式创新，归根结底都离不开对市场潜在需求的敏锐洞察与深入挖掘，实质上商业模式创新离不开对技术的创新应用，这是因为商业模式的一个重要目标便是更好地实现技术的商业转化。任何一家以"模式"著称的企业都需要紧紧以自主研发的技术为核心，即便模式再吸引人，它的实现也离不开其运作所需的颠覆性技术。目前，包括阿里巴巴在内的国内互联网巨头为寻求新的增长动力，踏上了技术开发的新征程。众多大型平台企业的布局已经显示出，单纯依靠平台模式的静态支撑可能难以为继，企业必须实施技术创新才能促进业务与模式的持续发展。我们将从以下三个阶段探讨平台企业形成过程中技术与商业模式的纠缠和共生。

互补过渡阶段。对一般企业而言，颠覆性技术与商业模式创新往往起因于两个方面：一是困境之中求生存；二是顺境之中洞先机。当面临技术封锁时，企业势必要通过模仿、学习以及跨边界的合作来实现技术经验的内化，但是这种以模仿为主的技术创新模式往往治标不治本——

模仿所带来的创新效应是短暂的，企业要想把控利润的源头，势必要通过自主创新突破关键的限制性瓶颈，摆脱现存的技术封锁，走出一条不寻常的技术创新之路。这要求企业深入理解何为颠覆性技术创新，有研究结果表明综合性、跨界的技术融合往往更容易触发颠覆性技术创新。任何技术研发都需要巨大的经济投入，这会对企业正常的营收造成巨大影响，因此，企业需要通过对业务模式的过渡性改造，实现技术创新与商业模式创新的平衡发展，以商业模式所带来的效益支持企业在技术研发上的经济投入。在该阶段，商业模式创新对技术创新而言主要起到过渡性作用，企业要关注的是两者如何实现互补资源的转化。

技术价值释放阶段。当企业顺利突破技术创新瓶颈时，需要持续发挥商业模式的作用以促进核心技术的顺利转化，此时，企业需要思考的问题是如何利用成熟的技术为用户创造更多的实际效用。企业需要关注利用技术提升用户的切身体验，以技术所衍生出的服务为纽带挖掘更多的利润增长点，让更多的用户群体为服务而付费，从而有意向地培养核心用户群体，促进产品的快速迭代。

共生阶段。当企业技术与产品相继成熟时，企业需要重新考虑商业模式由"线"到"面"的跨越。该阶段企业需要借助平台思维，更多地聚焦如何迅速地扩展用户群体，如何在既定时间节点回收成本，以及如何整合更多有价值的资源创造高效的多边交互。从技术的角度看，对非互联网类型的企业而言，战略合作能为其实现网络扩张提供技术支撑，金融资本的介入帮助企业以最快速的方式抢占市场份额，但这也意味着企业必须提供经得起市场考验的产品和具有市场潜力的商业模式。在此阶段，技术创新和商业模式体现为一种相互依存的共生关系，企业需要利用技术有针对性地支持平台商业模式的正常运作。

平台的正常运作需要商业模式与技术的共同支撑，当企业网络红利增长至一定程度时，企业需要再次借助技术创新挖掘新的利润增长点，该阶段的技术创新总体而言依赖于两条路径：一是企业依赖于通过技术创新开拓性研发出新产品来满足新兴市场的用户需求；二是企业依赖于通过技术创新的产出反向促进平台的可持续发展，创造平台健康发展的生态体系。

2. 价值衍生：由点到体的交互

任何一个平台的发展壮大都需要由强大的网络效应驱动，数据的累积离不开网络参与主体持续的互动，实质上数字平台的主要使命便是实现"网络效应"。麻省理工学院数字经济研究计划（IDE）在2016年的初步研究推测，网络效应——而不是平台——为数字经济中的创新和价值创造提供了更好、更实用的组织原则。投资健康和丰富的网络效应组合成为企业成功的关键。其中，最重要的一个经济学观点是：网络效应的好处能否体现也依赖于用户能否从海量的信息或资源中快速高效地寻找到自己想要的产品，因此，多数平台所做的是用户需求的精确搜索与匹配，通过建立高精度的算法驱动供给与需求的结合，促进同边网络效应和跨边网络效应的扩张。

随着网络效应的逐步扩张，网络成为资产的资产，它们将赋予用户创造新价值的能力——这个价值主张从一开始就必须得以明确。

网络效应的前提是建立良好的价值主张。在传统互联网经济下，平台效应已经遇到瓶颈，在供需总量持平的情况下，平台企业很难在原有的业务框架下挖掘新的业务增长点。随着物联网技术的不断发展，更加立体的网络效应逐渐凸显。颠覆性技术进入人类的生活，首先会改变人类对事物的认知，其次会改变人们的生活方式与行为，最终以网络的形式实现指数级的扩散。物联网技术最大的一个特征就是缩短了用户、产品和企业的距离，企业构建搭载传感装置的智能产品，用户则从生产、销售和售后的全生命周期中感受产品带来的魅力，这种建立虚拟感知的方式缩短了真实空间里的用户距离。这意味着想要突破网络效应瓶颈，企业要聚焦价值主张的改造，由基础性、碎片化、功能型的需求转变到提供高端化、系统化和情感型的服务体验，以此加强企业与用户之间的联结，使得可挖掘和创造的单元价值最大化。

价值主张的改造意味着价值创造网络的适应性调整。传统交易模式下价值创造以价值链为媒介，价值最终传导给用户，互动关系只发生于相邻的价值创造主体之间。但是平台的兴起使得传统价值创造的方式获得了颠覆性改变，当企业以用户为导向构建平台时，所有价值创造的主体在实质上都需要与用户进行简单而直接的沟通，无论是供应商、服务商、制造商还是物流商，它们的直接服务对象均由传统的上下游转向终端用户，用户能直接驱动产品的研发设计、物料的采购、产品的生产及物流的敏捷性配送，传统线性的环环相扣的价值创造方式转变为价值网络或价值星系；以用户为中心，业务模式从传统的售卖产品转向提供整体的服务解决方案，以单个企业为主导的价值创造转向由多主体协同创造价值。初始平台的概念与边界逐渐扩展到生态视角当中，为了创造最大的用户价值，平台需要借助其开放性容纳更多的互补性资源，这便是跨越传统的线与面的"体"资源的整合，平台需要传导价值创造的意愿，通过传达商业实践的可行性，整合上下游跨界资源，联合成为价值创造的共同体，通过建立利益分享机制、约束机制和监督机制来推动不同利益主体的价值共创。

3. 网络效应涌现

网络平台可以概念化为互相联结的实体或节点系统，无论是工业平台，还是内容消费平台或电商平台，其获利的关键都取决于平台中网络效应的出现。本书以两个案例为大家讲述平台如何获得稳定的网络效应。

研究认为稳定的网络效应主要源自以下三个方面。

（1）网络效应的基础是快速抢占流量资源　在某个角度来看，现在是一个"流量为王"的时代，平台的成败与流量的管控密切相关。庞大的流量基础不仅为企业实现了单一产品的获利，还能使企业依托流量基础孵化出更多创新性产品。微信与视频号就是再好不过的例子，短视频市场竞争相当激烈，视频号利用了微信得天独厚的流量基础。那么如何才能快速地抢占流量资源？依托流量的平台都会依赖先期的定价策略，针对不同用户设计不同的收费结构，通过提供物美价廉的服务促进交易规模的增大，实现利润的增加。因此，快速抢占流量资源的办法便是使用看似免费或接近免费的获客模式。

（2）平衡多方利弊，促进多方的交互　多方交互的关键在于如何实现价值的共创，简而言之，便是让每一个参与者都能在平台中获得所需要的东西并创造价值。平台提供商要为用户提供最优质的交互体验、固化参与者，以形成长期、稳定、可变现的流量基础，那么平台提供商要做的是平衡多方利弊。

以共享出行平台为例，任何人都知道雨雪天不好打车，想打车的用户增多，想休息的司机也增多，这种情况下用车的需求远远超过了供给。那么为了更好地激励司机出车，雨雪天乘客打车将会支付更高的费用，这种"潮汐定价"在经济学领域再平常不过，但是有人质疑，这有趁火打劫的嫌疑。人类对公平的无限渴望，使得人类对这种方式会有所抵制。试想一下极端的情况，如果大量用户放弃在雨雪天打车的想法，这表明需求量会下降，供给量也会随之下降，为了提升司机的积极性，平台将进一步改善计价机制，那么久而久之必然会对供需结构产生循环性的抑制作用。所以，如何使各种情况下的交易都能顺利进行，其实是一个看似简单实则操作艰难的事情。平台核心企业（平台的构建者和管理者）需要通过规则的设定让不同的参与者在不同的情境下均受到同等交易价值的优待，这不仅要考虑经济因素，还要保证各方的情感、商业伦理等因素的协调。平台核心企业利用大数据等在动态交互的过程中权衡利弊，从二元的视角考虑交易过程的两面性。

传统平台往往趋向于从交易规模、流量规模等角度出发衡量其自身的经济体量，平台的成长通常取决于交易总额的增长情况、双边用户的增长情况，包括生产者增量、消费者增量等。然而，随着传统平台经济发展至饱和期，平台经济的焦点已经逐渐从关注如何实现快速增长转换至如何实现稳定且高质量的发展，众多平台从一味地追求"量"的增长而忽略"质"的维护向高质量、健康发展转变。

（3）经济价值与社会价值并重　自 2018 年开始，众多平台都认识到单纯地以用户体量来衡量平台成功与否，将其作为平台的发展目标，显然已经不适合当前的社会环境。众所周知，我国经济已经进入由高速增长转为高质量发展的关键阶段，这决定了企业发展的总体目标也要随之转变，我国平台经济的发展显然已经迈过了初级的快速增长阶段，即将进入新的阶段。倘若资本入驻、技术创新、增长速度和经济收益是平台经济快速增长阶段的关注焦点，那么用户体验、模式创新、增长质量和社会效应将成为新阶段平台经济发展战略的核心要素，如何实现高质量的健康增长成为平台发展的核心议题。

进入新阶段，企业需要回归到其存在的本质之中，那便是为实现特定的社会目标，为满足社会、社群及个人的特定需求而存在。德鲁克曾指出企业存在的三大使命：经济绩效，为员工创造成就感，具有社会影响与社会责任。企业显然无法脱离社会而单独存在，这对平台企业而言更是如此，这是因为平台所提供的是更加广泛的社会性服务，平台通过促进多边的服务交易实现经济价值与社会价值的共同创造。事实上，社会属性的嵌入已经成为平台可持续发展的基石，从 2017 年开始，腾讯率先开启了对于"科技向善"的思考，两年后腾讯正式发布了"用户为本、科技向善"的愿景和使命。在飞速发展关键时期，将促进社会繁荣纳入可持续发展战略范畴是所有平台企业由大变强、脱胎换骨的必由之路。2021 年，平台企业进入"共同富裕"元年，腾讯、阿里巴巴、美团等头部互联网平台企业相继做出共同富裕的社会承诺，为更多的用户创造更多可持续的价值。拥抱实体产业，反向介入产业互联网将成为下一个阶段互联网平台企业战略的重心。在此基础上总结，平台的社会价值有三个方面。

第一，平台能有效促进社会诚信体系的构建。平台的运行基于信息的交换，因此，平台本身积聚着大量的供需信息，平台通过对企业数据或信息的处理，不仅能帮助银行管控中小微企业融资贷款的风险，进而间接地帮助中小微企业以更加高效的途径获得资金支持、快速成长，而且平台能让正处于成长阶段的企业意识到诚信营商的重要性，企业只有遵守诚信才能获得大型交易平台的背书，掌握更好的资源优势。只有所有企业都做到诚信营商、知行合一，社会信用体系的建设才能逐步得到完善。阿里巴巴曾经针对跨境业务推出信用保障计划，企业积累的出口数据越多、诚信等级越高，可以享受的信用额度也越高，最多可以获得100 万美元的担保额度。正是因为有数据的积累和信用评级，阿里巴巴才敢为平台上数十万外贸中小企业向全球海外采购商背书——如果海外采购商被平台上的供货商欺骗，阿里巴巴来负责赔偿。

第二，平台有助于增加国家税收。平台实现了对社会资源的整合，提升了资源的匹配、升级和交互的效率，降低了资源的生态消耗，这意味着在平台之上有限的资源能创造出更多的价值，实现"绿色税收"。以阿里巴巴为代表的平台企业减少了社会搜寻和匹配的成本，促进了就业及就业的匹配、升级、创造，产生了较低资源消耗的健康税收以及正向的生态价值。对平台而言，尤其是数字经济背景下，企业凭借较少的能源、资本、土地、人力等资源，通过大数据与商业模式创新实现经济价值与社会价值的并举，这一过程中所创造的税收被称为"绿色税收"。有关数据显示，阿里巴巴 2021 年纳税总计 507 亿元，依托平台共享资源、加速信息流通，实现制造、流通、金融、服务等行业的产能扩张，因此，"绿色税收"的关键并不在于平台企业自身创造出多少价值或收入，而在于带动了多少其他企业的发展，帮助了多少行业创造出额外的价值。因此，可以肯定的是以数字经济为主导的平台最大限度地解决了资源浪费与环境污染的问题，它代表着"绿色税收"的具体的经济形态。

第三，从促进个体就业到促进社会"大众创业万众创新"。平台的另一个社会效应体现在其不仅能增加就业的岗位，还能为个体或小微企业的创新创业提供环境和条件。抛开平台企业所创造的岗位，随着众筹、众创和众包等平台的诞生，几乎任何个体只要具备创新的特质或拥有符合时代要求的新颖的产品设计思想，就有极大的可能获得大型平台的支持。平台对于"大众创业万众创新"的作用在于识别出创新的机遇，给予创新过程所需要的资源，使创新得到高效的变现，迅速地培育出独角兽公司。周文辉指出创业平台为创业者赋能，而不仅是管理与激励；多维视角的赋能，有利于发挥创业平台对创业绩效的积极影响，创业平台通过结构、领导、心理、资源和文化五个维度实现对创业者的赋能[○]。在此基础上，结合众多平台企业实践的案例，从创业需求资源的视角可认为平台对创业者的赋能分为三个方面：一是提供金融资源；二是提供经验资源，包括企业战略和经营逻辑的引导或专业性培训；三是提供实物资源，即利用平台自身在细分领域的资源优势，帮助创业者实现上下游产业资源的对接。原本九死一生的创业活动在平台的支持下存活率大大提升，平台赋能大大降低了创业者的创业风险，使得创业不再是盲人摸象的活动。

○ 周文辉，李兵，周依芳，等. 创业平台赋能对创业绩效的影响：基于"海尔＋雷神"的案例研究［J］. 管理评论，2018，30（12）：276-284.

7.3　平台价值共创体系

平台的出现推动了价值创造的范式变革。传统的价值创造范式是先进行独立价值创造再进行价值传递从而形成线性价值链的体系；而在平台经济体中，这种线性价值创造逻辑发生了巨大的演变。对此，我们将聚焦平台价值创造的底层思维、交易的定价策略、资源配置机制，以及价值创造之后的价值分配机制等，进行深入解析。

1. 平台的四大思维

传统平台发展的最基本的两大因素是开放与包容，然而单纯地聚焦于此已经不足以支撑平台的高质量发展，因此需要关注传统平台思维的升级与新型平台思维的衍生，在此，暂且将它们共称为"新平台思维"。

正所谓"衣食所安，弗敢专也，必以分人"。古代君王将体恤百姓视为"取信于民"的一大优势，科技的进步已经让人人共享成为可能，这种共享的理念已经广泛地渗透到诸多新型平台的发展当中。激发参与者共享的意愿，进而激发它们的共享行为，将更有助于实现平台的稳定与高质量发展，这些现象的背后究竟有哪些思维在指引？本书结合众多企业的实践案例将"新平台思维"解读为开放式、换位、利他和赋能四种思维。

（1）开放式思维　开放式思维是指突破传统封闭式思维的局限，充分包容和吸收新事物，能从不同视角和不同维度考虑问题本质的一种系统性思维。相较于传统、封闭、割裂式的思维模式，开放性思维更加强调开放、包容与整合。开放是平台发展的根本性前提，一个平台的发展需要借助外部力量，实际上数字化情境下开放体现在诸多方面，对用户的开放、对供应商的开放、对一切利益相关者的开放，有时甚至需要对竞争者开放。平台的开放是实现技术创新和经济增长的关键，iSESOL 云平台开发工业 Android 系统，使得用户能独立自主地开发工业 App，它能在为开发者带来收益的同时，为更多中小企业带来制造能力的提升。除此之外，苹果、Steam、微软等几乎任何一家平台都会格外强调开放性。企业将部分创新工作外部化，既能平衡企业内部资源，实现外部个体价值诉求，也能加快创新迭代的速度，推进创新成果的商业转化，同时创新成果将会进一步被反馈给平台系统，最终提升平台系统整体的价值创造能力。包容的目的虽并非整合，但整合的前提需要包容的存在。包容的实质是允许差异的存在，实质上包容体现在平台的不同层级之中，包容不仅针对平台之间的竞争，还针对公司内部的团队竞争。开放式思维是一种在包容之中不断竞争，竞争之中不断包容的持续竞合，这种思维的源头类似于传统企业的并购，很多国内企业在试图并购国外企业后往往会保留其原有的企业文化、制度与经营模式，吉利并购沃尔沃就体现了典型的包容。此外，目前在很多互联网企业中存在这样一种现象，它们往往会同时培养两个具有明显竞争关系的业务团队，如腾讯有两款吃鸡手游团队，最终目的便是实现优势互补，合二为一。

（2）换位思维　拿破仑·希尔说过："懂得换位思考，能真正站在他人的立场上看待问题，考虑问题，并能切实帮助他人解决问题，这个世界就是你的。"换位思考是识别和抓住需求痛点的关键，理想状态下，所有平台参与者都应该具有这种换位思维，每个参与者的利益需求点不尽相同，与之发生交易的过程中需要换位思考。供给者要考虑需求者的真正所需，挖掘需求的源点，并对需求者的需求进行细致分类：它们是对基本功能的需求，还是一种情感诉求，抑或是压抑在内心之中尚未浮现的隐性需求。平台的构建者和管理者则需要广泛地考虑利益相关者的需求，在供需相互满足的过程中寻求平衡点，因为情境因素会改变需求的负载程度，所以这往往伴随着一个动态过程。打车平台的动态定价便是换位思维的实例，夜间打车用户通常会支付给司机更高的费用。

（3）利他思维　古语有言："己欲立而立人，己欲达而达人。"利他则利己，利他思维顾名思义便是主动帮助他人解决问题，在换位思考的基础上实现利他行为的延伸。在企业实践中这种利他思维的例子比比皆是。在平台生态系统中的任何角色都应该具有利他思维或利他精神，只有这样才能促进系统和谐、稳定、持续发展，这包括平台核心企业、上下游供应商，也包括更加微观层级的领导者与员工，倘若平台生态系统中的每一个个体都能超越传统的契约协商关系或功利主义，转向以利他原则为核心的价值创造思维，在思考自身获利的同时，也将他人的利益考虑在内，最终结果是衍生出更多的实际价值。已有研究指出，组织需要在愿景、价值观等层面使员工保持利他的共性，利他思维的关键在于为他人创造获取利润的基础和条件，拥有利他思维的组织将会更容易获得利益相关者的支持，形成以信任为纽带的共同获益型网络关系。因此，缺乏利他思维的平台往往在可持续发展上显得力不从心，企业需要从利他的企业文化着眼，培育员工的利他意识，促进"功利主义"向"利他主义"的演化，使得员工将利他思维应用到组织行为当中。网络层面，企业需要建立利他的企业形象，传达互利互惠的愿景，实现对资源和价值的共享。利他思维在平台价值创造中包含两方面的作用：

- 过程导向的资源交换，体现为一种通过资源对节点的深度赋能；
- 结果导向的价值共享，体现为一种对利益的共享与传输机制。

（4）赋能思维　赋能思维是在前述思维基础上衍生出的一种思维模式，它能在一定程度上促进以上思维转化为行为，如果平台具备以上三种思维，那么平台将稳定、健康发展，但是赋能思维会为平台的发展添砖加瓦，海尔、阿里巴巴等众多企业都强调赋能，赋能思维强调主动地激活某些对象的潜在能力，任何个体之间都会存在着赋能关系，这取决于赋能输出者是否相较于输入者拥有足够的优势。因此，赋能思维通常会涉及对优势资源的有效配置，对平台企业而言，企业需要将合适的资源在合适的时间配置到合适的位置，在第 1 篇中详细阐述过海尔中台的作用，其背后的逻辑便是赋能思维，员工可以调度平台中的一切与其业务相关的资源，以求在最短时间内创造出最大的价值。

另外，阿里巴巴的平台业务可以帮助众多传统企业进行数字化的改造，阿里巴巴利用自身的资源优势帮助企业领导者改善数字化认知、建立数字化管理系统、为其提供更优质的贷款途径，彻底提升赋能主体的数字化能力。因此，赋能思维在平台治理当中具有不可忽视的重要作用。

2. 平台的定价策略

平台定价始终是影响平台企业稳健性与平台声誉的重要因素，更是构建激励体系的核心，平台定价是平台为了健康发展而要持续甚至要时刻关注的重要问题。价格决定了平台能否吸引用户加入平台，形成预期的交易规模，同时还会促进平台的多边合作与博弈行为，激励平台参与者主动分享价值。平台定价受到众多因素的共同影响，对内部因素而言，企业选择什么类型的服务形态，这根本上是企业所提供的服务属性的问题，受市场供求比、用户进入价格、平台利润等诸多因素的共同影响。平台定价遵循最优动态定价机制，定价策略通常会根据市场供需变化实施动态调整，以维持供需之间的动态平衡，实现平台效益的最大化。在此基础上，从平台定价的方式来看，定价策略大体分为由平台统一定价策略和自由定价策略。两种方式各有优势，下面我们简单地比较一下这两种定价策略的主要内容。

（1）平台统一定价策略　平台统一定价即交易的价格由平台提供方决定，平台提供方假定双边（多边）市场主体的需求会由于情境的不同产生差异，以双边市场的需求为导向所制定的交易费用标准将有助于双边实现持续的市场交易行为。在统一定价的平台中，双边市场的交互服务通常具备同质化的特征，这意味着平台仅投入较少的精力或较低的成本便能制定出合理的定价区间。同时平台的统一定价使得交易主体之间更容易达成共识，保持网络交易的稳健性；相反，对于同质化的产品采取非统一定价的策略，容易造成市场交易主体的定价分歧，不利于交易的达成，尤其会使得单边主体抓住另一边主体的实质性需求而篡改价格标准，形成负向的交叉网络效应。

（2）自由定价策略　自由定价策略是众多电商平台实施的主要定价策略，它得益于平台自身所提供的良性的竞争环境，能使双边市场主体根据对方实际所需和市场交易趋势情况设定所提供服务的价格标准。因此，服务的差异化程度是平台采取自由定价策略的重要前提。自由定价模式的影响因素较为复杂，包括市场竞争情况（竞争激烈的情况下定价标准会受到较大程度的影响）、需求价格弹性（识别不同类别消费者的需求价格弹性的大小）、提供的产品或服务的成本（定价一般高于初始的产品或服务成本）、平台双边市场主体的规模及网络外部性的强弱。

总体来看，平台的定价由统一定价与自由定价两大核心定价策略组成。随着消费者主权时代的到来，客户定价的模式将会逐渐占据主导地位，平台提供方应该深刻地意识到，定价是影响平台整体利润最大化、维持良性发展的关键因素，企业不仅需要考虑单边主体的利益诉求，更要系统地、动态地考虑能影响定价差异的决定性因素，均衡价格制定的总体水平以及如何制定满足多方利益的价格结构（价格配比）。未来平台模式当中，双边市场主体应该更加关注彼此的特殊处境，创造更加完善的用户体验，使消费者心甘情愿地为体验付费，形成良性的网络交易结构。平台提供者可适当地采取价格补贴策略来维持交易结构的稳健性，促进双边市场的可持续发展。

3. 平台的资源配置

并非所有企业都能打造平台，尽管单纯地通过机制的约束能巩固平

台核心企业（平台的构建者和管理者）与利益相关者的关系，但是平台
创造价值的关键在于资源的交互，倘若核心企业无法通过资源整合匹配
关键的需求主体，那么平台将无法产生持续的交易，平台将成为捆绑着
利益相关者的空中楼阁。因此，核心企业在构建平台的过程中势必要在
垂直领域积蓄一定的资源基础，以建立某一领域的互补性优势。平台的
功能在于资源的整合与匹配，这一过程强调资源配置的高效，以达到创
造最大价值的目的。Vargo 等（2008）指出通过整合现有服务系统和其
他服务系统的资源，实现服务系统内和服务系统之间资源互动而共创价
值。随着数字化技术不断得以应用，平台上的所有资源（包括人力资源、
基础资源、知识资源、需求资源等）几乎都能借助数字化技术实现数据
化与联网化，可以明确的是数字化大幅度提升了系统之间资源交换、组
合和整合的效率及有效性[⊖]。

　　从资源的角度来看，数字化情境下的平台资源配置有四种形式。

　　一是平台核心企业直接向需求方提供资源，类似于传统的线性交易
模式。众所周知，大多数的创业孵化平台采用此类资源配置的方式，许
多企业都具有孵化业务，它们将自身优势资源（人力资源、财务资源、
政府资源、资本资源等）商业化，在不影响企业正常运营的情况下为中
小企业提供"一揽子"式的解决方案服务。

　　二是平台通过识别市场中的潜在需求与潜在互补性资源，发挥自身
积聚资源的优势，重新组合内外部资源来满足自身所无法满足的用户需
求，这一过程一方面强调对外部资源的识别能力，另一方面则强调企业
能否将内外部优势整合并提供给需求者。

　　三是平台核心企业通过输出自身的技术资源，促进市场中双边市
场交易的产生，例如 BOSS 直聘平台，其核心企业提供基于数据的精

⊖　VARGO S L, LUSCH R F . Service-dominant logic: continuing the evolution［J］. Journal of the academy of marketing science, 2008, 36 (1): 1-10.

确匹配、筛选技术服务，间接促进了求职者与招聘者合作意向的达成，使得双方在提供完整准确信息的前提下获得最大限度的匹配，以提升效率。

四是平台核心企业建立双边市场的交易渠道，通过向单方提供免费资源形成稳定的资源基础，利用网络数据的资源优势吸引另一方入驻。例如，百度通过向大众提供搜索服务，获得用户在搜索过程中的大量信息，因此能根据这些信息资源精准地投放广告，百度则可以获得广告商支付的费用。因此，在平台中任何价值的产生势必伴随着资源的交换，无论是核心企业、用户、供应商还是其他服务商，它们都同时扮演价值的受益者与资源的供给者两种角色，交易过程中都伴随着价值资源的流出与需求资源的流入，双方通过资源的交换达成平台运行的动态平衡。我们将平台中价值创造的共同参与者称为价值共同体。核心企业需要考虑的是多个参与者共同参与价值创造的交互情境的打造，如何发掘价值共同体产生的新的需求信息，识别它们所持有的互补性资源，通过已经掌握的优势资源创造供需之间的匹配，以最大限度地满足需求。

4. 平台的价值共享

应该明确的是平台并非属于平台的构建者和管理者。平台一旦启动，便意味着任何平台参与者都具有调配平台内部资源的权力，遵循平台运行的制度规则。因此，平台所产生的价值实质上是多个参与者共同协作创造出来的，平台所产生的价值应该以网状的方式传递。价值分享的作用一方面是规范平台主体价值创造的行为，另一方面是激发不同主体价值共创的意愿。价值共享是使利益相关者持续创造价值的关键。随着物联网技术的发展，产品的功能和概念被进一步拓展，产品不单单是具有使用功能的器具，更是具有感知、通信、存储、计算功能的感知者，它已成为用户表达需求的核心载体，准确地说物联网情境下的产品具备了与用户交互沟通的能力，这使得伴随产品使用过程而产生的全部数据都能被及时地传递给利益相关者，因此，企业不仅是售卖产品的价值传递者，也是用户使用产品的情感维系者，平台核心企业需要利用平台思维思考如何借助深度的情感交互延长用户使用产品的周期，创造更多可实现价值分享的情感附加值。

以沈阳机床为例，用户在使用机床的过程中关注的是随时可用、不可停机，厂商关注的是全生命周期的运行，但机床永远无法一直没有故障地运行，所以沈阳机床势必要面对从生产商向集成服务商的平台化转型。在数字化与物联网技术的支持下，沈阳机床通过数据的回溯实时检测用户机床的运行状态，识别用户使用机床过程中的问题及风险。基于全生命周期的价值分享理念，利用既定的数学模型，将运行数据的衡量指标转化为"L-Life"指数从而获得用户所创造的具体价值，以便将检测到的数据整理分配给供应商与员工等利益相关者，进而激活不同主体的价值行为，机床的功能也会跟随用户需求持续迭代。

殊途同归，海尔的价值管理考虑企业与顾客的持续交互关系，顾客被转化为可以交互和体验的用户，并成为员工获取薪酬和海尔获取生态价值的关键驱动力量。价值管理的目标是将定位于产品交易的顾客转化为定位于服务的用户，让用户始终在线，保持实时交互的状态，进而因其个性化体验而被社群圈子锁定为终身用户。海尔将用户全面、真实、动态、个性化、不断增长的价值数据作为企业战略、组织、财务与薪酬管理体系的源头和驱动力。因此，价值共享首先需要平台核心企业借助数字化技术量化利益相关者在满足用户需求的过程中创造的价值，进而贯彻服务主导逻辑，将利益相关者捆绑在以用户为核心的闭环价值网络当中，与此同时发挥利益相关者之间相互监督、相互激励的作用，只有这样才能实现客观合理的价值共享与分配。

7.4 不同平台的价值共创体系

1. 快手的价值共创模式

《互联网平台"直播+"赋能研究报告》中指出⊖，直播走向"日常化"，日常走向"直播化"。直播正在融入每一个人的生活，在"快手"上越来越多的用户参与商品的交易，在此过程中表现出了超乎想象的创新性和生产性。以"快手"直播为例，可以发现直播经济打破了原有的用户边界，改变了消费者的消费途径和习惯，潜移默化着人们的生活方式，也重塑了线上和线下结合的新的价值共创模式（见图 7-6）。

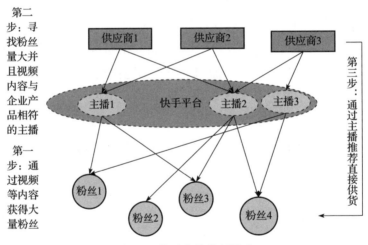

图 7-6 快手价值共创模式

在数字经济时代，企业竭尽全力去除价值链条上的中间传递环节，想要实现企业与用户的直接对接。企业的理想状态是通过一个关键路径实现企业向用户的直接价值传递，而用户的需求也可以被企业直接掌握。

⊖ 人民网舆情数据中心. 互联网平台"直播+"赋能研究报告［EB/OL］.（202-08-31）
［2022-07-26］. https://www.docin.com/p-2444418773.html.

快手良好的社交商业生态和"品效合一"的信息流广告,成功吸引了那些选择新营销阵地的品牌的目光。如今市场竞争激烈,品牌更关注投入产出比、用户质量及长效转化效果,并且逐渐由纯销售导向朝优化导向转变。同时一线市场的增长已经触碰到了"天花板",二三线及以下市场成为更重要的增长来源,企业面对增长压力,在顺应用户行为变换的同时,也要重视及时且精准地获取目标用户。快手的某合作伙伴表示:"原先传统品牌营销开始走下坡路,短视频营销已经慢慢影响人们生活中的点点滴滴。用户不仅要接收有趣的东西,还要接收对他有用的东西。因此,在内容层面上,未来一定是'有趣 + 有用'的,这样的转变会吸引更多精准目标用户进来。"

在数字经济时代,要实现"高效 + 长效"营销,核心仍是内容分发。快手的合作伙伴曾说:"在快手上,我们能看到合适的目标用户群体。如何精准定位到他们,然后把优质、有趣的内容推送到这部分容易对内容感兴趣的人面前,进一步促成交易?这种基于兴趣而产生购买的交易闭环是我们希望与平台不断共同探索的创新营销模式。"

内容优化的核心则是良性内容生态的建立,包括创作者、平台、品牌方、广告商之间关系链的平衡和优化。快手的用户分布广泛,已经形成全面覆盖的趋势,正在成为短视频营销获客渠道。依托国民流量、原生商业场景、社交土壤,快手用户之间的社交关系形成了独有的社交"磁力引擎"。一方面在以人与内容为载体的社交关系中诞生了巨大流量,另一方面真实的内容与真实的人在信任、温暖的粉丝经济作用下,用户留存率较高。

面对市场的变化,快手通过"人工智能 + 数据分析"技术解决营销痛点,实现更加个性化的推荐,帮助品牌方、广告商与用户产生直接的情感共鸣,达到"品效合一"甚至"品销合一"。去中心化的分发理念,使快手形成了不同于纯熟人社交和纯陌生人社交的另一种社交模式,分享者多，长尾内容多，用户和用户之间、用户和品牌方之间可以更高效地触达，复购率和用户忠诚度更高。与此同时，针对中腰部和尾部的创作者，快手推出"创作者激励计划"，通过人工智能对人与内容进行双重匹配，在保证用户体验的前提下，自动为创作者提供更有效的变现方式，进一步释放创作者不断生产优质内容的私域流量价值。

2. 酷特智能的价值共创模式

大数据作为企业与其他主体的关键互动技术，帮助企业踏上了由传统以产品为主导的价值创造到以消费者需求为主导的价值共创的范式演变的捷径。酷特智能认为，企业经营的源点即围绕消费者需求展开企业一切价值创造的活动，在源点的指引下，企业形成以消费者需求为主导的价值共创逻辑，其中确立的大规模定制为主导的生产模式本身就是企业在追求满足消费者需求道路上的思维变化。从 2003 年起，酷特智能便意识到满足需求的必然结果便是适应需求，因此酷特智能将消费端纳入生产环节，从前端消费者的信息采集开始，其自主研发的"三点一线"量体法成功解决了定制信息来源的问题，实现需求的代码式转化。在此阶段，酷特智能初步形成以消费者需求为主导的共创逻辑，数据与需求之间千丝万缕的联系俨然成为指导其企业流程变革的依据。

目前，酷特智能已经形成线下线上双渠道获取消费者需求的信息采集模式：线下的魔幻大巴、体验店为消费者提供更为个性化的体验环境，使消费者获取更多的体验价值；线上自主研发的功能给予消费者更多参与产品创造的机会和权利，为产品与需求的深度融合提供前提。在价值的共同生产阶段，技术发挥了关键性作用，企业经历从手工代码到大数据规模定制的发展历程，利用大数据技术大幅度改善企业固化外部消费者需求的能力，将需求与生产流程精准对接，让消费者的需求在生产作业中自由流通，进一步指导每名员工的定制化工作，员工 – 消费者的共同生产成为酷特智能产出价值的核心，在大数据技术的支持下，企业能产出更加贴合消费者需求的产品，提升产品对于消费者的使用价值。在协同共创阶段，酷特智能整合外部优势资源，利用大数据技术提升信息的流动性与共享性，供应商、生产商和服务商协同共创消费者价值，保障产品以最短的时间交付于消费者手中。与此同时，酷特智能为其他企业提供转型升级方案，服务对象将被整合到以企业为核心的共创生态系统中，参与者之间以数据共享相互链接，参与者们共享系统内优势资源，化为己用。整个生态系统将覆盖更大规模的消费者群体，为更多消费者提供定制化服务。

通过对企业价值创造过程的梳理发现，酷特智能形成了以大数据技术贯穿始终的价值共创的三维立体结构，其中技术的效应具有整体性，大数据技术的应用使企业能围绕消费者的需求展开一系列价值创造的活动，包括对需求进行精准定位、流程再造和资源共享等。

在微观层面，酷特智能与消费者的价值共创始于消费者需求的获取，价值共创主要源于消费者与企业的直接互动，这也是二元交互。酷特智能通过创造独特的个性化体验环境来为消费者创造更多的体验价值，利用线上线下等多种渠道获取更加精准的消费者信息是进行产品按需生产的前提。

在中观层面，价值共创始于共同生产，价值创造源于消费者与员工的间接互动。酷特智能注重利用技术实现最优化的资源配置，实现消费者需求与员工需求的对接，以消费者需求指导生产，产生共产效应。

在宏观层面，协同共创是价值创造的主要途径。价值共创的主体演变为全部利益相关者形成的多节点的合作网络，价值的产生源自平台核心企业对外部优势资源的整合和内外部操作性资源的交互所产生的网络效应。协同共创的前提是平台核心企业需要率先展现出自身价值的有用性，并且主动进行价值分享与传递，平台核心企业的制度安排是驱动参与者共创网络、高效协同的保障。主动性价值传递和分享能引导参与者主动参与到价值共创网络中，释放各自价值，使优势资源得到整合。在制度安排下，参与者在网络中各取所需，有序地进行资源分享和价值创造的活动，逐步强化自身满足需求的能力，最大化满足消费者的需求。值得一提的是，价值共创的网络本身具有不断扩张的属性，随着网络的不断完善，越来越多的利益相关者参与其中，平台核心企业应更加关注制度的合理性，权衡好所有参与者的利益需求，使它们能自发性地为网络创造价值。

PART 3

第3篇

平台治理体系

近年来，随着我国平台经济的迅速发展，平台治理逐渐成为平台不可缺少的重要部分。提到治理一词，人们很容易将其与政府关联起来，诚然，治理在学术上最早出现于公共管理领域。

治理理论的主要创始人之一詹姆斯·罗西瑙认为，治理是通行于规则空隙的那些制度安排，特别是当两个或更多规则出现重叠、冲突时，或者在相互竞争的利益主体之间需要调解时发挥重要作用的原则、规范和决策程序[一]。全球治理委员会认为，治理是使相互冲突或不同的利益得以调和并且采取联合行动的持续的过程，它有四个特征：治理不是一套规则条例，也不是一种活动，而是一个过程；治理的建立不以支配为基础，而以调和为基础；治理同时涉及公、私部门；治理并不意味着一种正式制度，其有赖于持续的相互作用。治理行政的本意是服务，虽然政府也有管制行为，但治理行政与传统的政府管制有着根本区别：在管制依据上，治理行政必须有法律法规作为依据；在管制内容上，治理行政体现一视同仁；在管制程序上，治理行政是制

[一] 罗西瑙. 没有政府的治理［M］. 张胜军，刘小林，译. 南昌：江西人民出版社，2001：27-54.

度化的，程序公开透明；在管制结果上，治理行政充分考虑政府官员可能出现非理性行为，因而有相应的系统措施。

提到治理，除了政府外，还会想起公司治理。这是20世纪末出现的研究公司权利的一门科学。一般认为，公司拥有所有权和经营权两种权利，并且二者是分离的。所有者不直接参与公司的日常运营，经营者不占有公司。因此会出现二者目标不一致的情况，所有者始终担心经营者不能为"股东利益最大化"这一目标服务。公司治理的核心目标正是如何科学地向职业经理人授权并科学地对职业经理人进行监督。

平台治理是基于数字平台这个新型经济体而产生的一种治理方式，它与政府治理和公司治理有一定的相似性，但也有较大差别。与政府治理相比，平台治理主体缺乏政府的强大权力，并且也要接受政府的监管。与公司治理相比，平台治理实施管制的对象包含很多外部组织与个人，如淘宝的商家、曹操出行的司机、美团的外卖配送员。由表及里，又会发现这三者的本质都是一样的，它们都是一个组织的管理者采取一系列规则及手段去治理，以达到管理者所设定的愿景，一般而言，这个愿景需要考虑该组织绝大多数人的利益。

本书第3篇将详细介绍平台治理的起源与发展、平台治理的对象及参与主体、平台治理的目标及保障体系（见图 P3-1）。

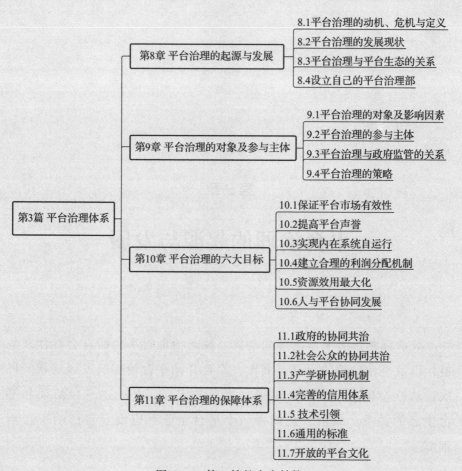

图 P3-1　第 3 篇的内容结构

第8章

平台治理的起源与发展

本章首先介绍平台治理的动机、缺乏治理对平台而言会有什么危机，以及平台治理的定义。其次，简要介绍平台治理的发展现状。再次，从社会生态出发，介绍平台生态的定义，并论述平台治理和平台生态的关系。最后，强调每一个平台企业都应设立自己的平台治理部。

8.1 平台治理的动机、危机与定义

1. 平台治理的动机

平台治理的动机是什么？郑称德等指出：平台双边市场的间接网络效应是实施平台治理的根本动因，平台治理的实质就是平台拥有者通过制定合适的治理策略，增强间接网络效应的正面影响或减弱负面影响，

或者在其正面和负面影响间取得平衡⊖。平台双边市场的间接网络效应是平台在发展过程中所要关注的要点，是实现平台稳定、健康、可持续发展的过程策略，并非平台治理终极目标。对此，我们认为，平台商业生态系统的发展经过了初期的野蛮生长，到目前出现了一些问题，包括平台建设不合规、运维效率低下、平台参与主体管理不善、平台交易机制缺失、平台规则不完善、平台商业性与公共性的原生性矛盾等，为了保障平台生态系统的可持续发展，平台治理至关重要。

平台治理的动机是实现平台稳定且健康的运转。对内表现为解决平台运行过程中出现的各种问题以保障系统健康，这种健康的具体表现是平台的参与者愿意继续在此平台上创造价值；对外表现为降低平台运行过程中对真实社会造成的不良影响以保障系统稳定，这种稳定的具体表现则是政府监管部门认同此平台的治理能力。平台治理的最终目标是要打造一个"无限的游戏"，让平台永远运转。

2. 缺乏治理的危机

实现平台稳定且健康运转是平台治理的原动力，对平台内容缺乏有效的治理，可能会酿成致命的危机。抖音和快手等平台的每日活跃用户数持续攀升，它们的平台治理机制起到了重要的作用。

平台治理与公司治理最大的不同在于管控的主体，相比公司治理，平台参与主体复杂多样，它们不属于平台管理者，而一旦出现问题，消费者就会把所有的不满怪罪于平台的管理者，平台治理难度更高。现在信息传播很快，这会给平台带来很大的舆论危机，再叠加竞争对手的因素，那么事态便很难控制。随着平台经济的逐渐成熟，未来缺乏治理的危机将会越来越大，提升平台的治理能力将变得非常重要。

⊖ 郑称德，于笑丰，杨雪，等. 平台治理的国外研究综述［J］. 南京邮电大学学报（社会科学版），2016，18（3）：26-41.

近年来，很多用户对直播平台的主播的信任度大大降低，在某种程度上说这是平台缺乏良好治理而引发的后果。用户的信任对直播平台来说至关重要。这是一个非常复杂的治理难题，如果一个平台的各种参与者之间彼此失去了信任，那么互动便会消失，交易也会消失。

缺乏有效的治理将会导致平台陷入各种危机。目前，大型数字平台面临的治理问题的复杂性堪比国家治理的。2022 年第一季度快手的平均月活跃用户数约 5.98 亿，阿里巴巴 2021 年的 GMV 高达 8.119 万亿元，如果缺乏良好的治理体系和治理能力，平台将面临巨大的危机，而这也是需要平台治理的真实原因。概括起来，一个平台需要治理的具体原因主要有以下几点。

（1）内部原因　一是"坏的交互"不断发生。平台能否取得稳定发展的前提是"好的交互"（市场公平而互利）足够多，用户从电商平台上方便地检索到自己所需要的商品，下单买了一个自认为最物美价廉的，由配送员在两天内将商品送到家里，店铺的客服耐心指导如何使用，用了几天后发现问题，在网上联系了售后人员，很快店铺安排快递将你的商品召回，并给你发了新的。在这个过程中，产生了五个"好的交互"，分别是"搜索、下单、配送、客服、售后"。这些"好的交互"发生得越多，平台就能稳定增长。然而，在真实世界，经常会碰到各种"坏的交互"，店铺一直不发货、东西坏了联系不到客服、买到假冒伪劣商品等。如何阻止这些"坏的交互"，引导产生更多"好的交互"？这是平台需要治理的一大原因。

二是负的外部性。你的朋友不断地发微信请你帮他砍价、点赞、评论等，这确实能帮他获得经济收益，但却没有考虑到打扰你的成本；当某平台一个服务人员被顾客投诉，其他服务人员的形象也会受损。当一个人或企业的行为影响了其他人或企业，使之支付了额外的成本费用却无法得到相应补偿时，这时负的外部性就会出现。这是需要平台管理者去治理的，如若不进行有效治理，平台其他参与者就会逐渐离开该平台。

三是分配不公。如何公平且有效率地分配平台全体参与主体共同创造的价值是平台管理者需要考虑的，很多平台存在分配不公的问题。平台管理者需要将价值公平分配给相关参与者。以美团为例，美团作为平台核心企业要重视平台上大量商家的利益。平台的价值是由所有参与者共同创造的，如何公平且有效率地分配财富是平台治理的一大课题。

（2）外部原因　大型平台是由多个市场主体所组成的。近几年，政府开始加大对平台的监管力度，并且越来越规范化、法制化，在 2019 年 1 月 1 日施行的《中华人民共和国电商法》、2021 年 9 月市场监管总局发布《中国反垄断执法年度报告（2020）》都是很好的体现。可以预见，未来将会有更多的监管法案出台。所以，平台管理者配合政府去监管好平台中的交易主体是平台要应对的重大主题，否则平台将面临严重的发展危机。

《有限与无限的游戏》作者詹姆斯·卡斯向我们描述了世界上两种类型的"游戏"："有限的游戏"和"无限的游戏"。"有限的游戏"其目的在于赢得胜利；"无限的游戏"旨在让游戏永远进行下去。平台是由许多组织或个人组成的复杂系统，他们共同创造价值和分享收益，平台治理的终极目标正是要建立这样一个"无限的游戏"，让平台永久地运转下去㊀。

3. 平台治理的定义

平台治理的定义有很多。Eisenmann 将平台治理确定为明确定价和参与者权利与义务的一系列规则㊁。Evans 从法律角度将平台治理定义为一种基于管理规则的私有性控制，是对负面网络效应的防范机制㊂。

㊀ 詹姆斯·卡斯. 有限与无限的游戏［M］. 马小悟，余倩，译. 北京：电子工业出版社，2013：1-27.

㊁ EISENMANN T，PARKER G，ALSTYNE M V.Platform envelopment［J］. Strategic management journal，2011 (12): 1270-1285.

㊂ EVANS D S.Governing bad behavior by users of multi-sided platforms［J］. Berkeley technology law journal，2012 (2): 1201-1250.

Iansiti、Levin 和 Ceccagnoli 等认为平台治理是平台拥有者为平台用户提供的各种服务和政策，这些服务和政策能改善市场竞争状况，激励产品供应者为平台市场不断供应新产品，增强平台市场的间接网络效应[⊖]。郑称德等将平台治理界定为"平台拥有者通过制定市场规则与公共政策，管理平台用户行为和各种问题，在提高平台市场间接网络效应的同时解决间接网络效应导致的负面效应，促进平台商业生态系统的健康发展"[⊖]。本书结合企业实践，将其界定为：由平台管理者引领全体平台参与主体共同为维持和提升平台的稳定和健康运转而规制的系列制度及采取的各种策略行动，包括组织结构设计、人力资源设计、商业模式设计等。平台治理的目的是维持和提升平台的稳定和健康运转，设计"无限的游戏"，其实现依赖于平台完善的规则制度与办法，而这些规则制度与办法则由平台核心企业带领平台全体参与者共同制定和完善。

本书对平台治理的定义与已有平台治理的相关定义的差别在于：

- 平台治理不仅是平台管理者的事，还是平台全部参与主体的事，在平台治理过程中由平台管理者引领整个平台的治理过程；
- 平台商业生态系统经过了高速发展阶段，现在需要转入高质量发展阶段；
- 平台治理与平行治理不同，平行治理是与垂直化管理模式相对应的治理模式，它强调的是能建立一个涵盖众多利益相关者的稳定且有效的利益分享机制，而平台治理更加强调平台生态的稳定和健康运转。

治理是任何一个组织都必须面临的问题，大到国家、小到平台，

⊖ CECCAGNOLI M，FORMAN C，HUANG P，et al. Co-creation of value in a platform ecosystem: the case of enterprise software［J］. MIS Quarterly, 2012 (1): 263-290.

⊖ 郑称德，于笑丰，杨雪，等. 平台治理的国外研究综述［J］. 南京邮电大学学报（社会科学版），2016，18（3）：26-41.

概莫能外。治理的本质在于建立和运作一套规则，从而对"谁参与组织""怎样分配价值""如何解决纠纷"等问题进行规范，最终目标是保证平台的稳定增长。淘宝和京东平台的规则入口如图 8-1 所示。

图 8-1　淘宝和京东平台的规则入口

就一个国家而言，良好的治理体系是实现国家经济增长的基石，其重要性丝毫不弱于自然资源、通航水道等基础条件。1960 年—2020 年我国 GDP 走势如图 8-2 所示。1978 年以后，我国面临的自然资源等条件并无太大变化，然而我国的经济却发生了翻天覆地的变化，其中一个很大的原因就是治理系统优化了。我国开始采取市场的力量去配置资源，建立了良好的产权保护制度，正是这些改变带来了我国经济的腾飞，而这些都是国家治理体系的外在表现。

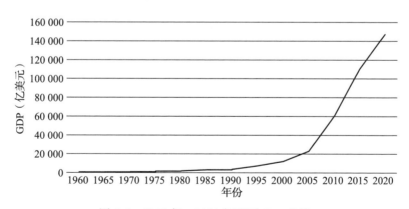

图 8-2　1960 年—2020 年我国 GDP 走势

从底层逻辑来看，平台犹如一个国家或一座城市，治理智慧从社会诞生的时候就开始出现，不断发展至今，在平台中得以应用。

8.2　平台治理的发展现状

自 1999 年阿里巴巴 B2B 平台成立以来，我国各平台发展态势迅猛。不夸张地说，衣食住行各方面如今已经彻底平台化了；还有普通用户感知不到的工业互联网平台，比如海尔的平台组织整合了全球很多生产商、科研机构为消费者创造产品，如雷神笔记本电脑。在全世界范围内，我国的互联网平台在数量、用户量、交易量上都属于领先地位。然而，我国的平台治理水平，无论在企业实践还是理论研究方面，尚处于初级阶段。整体来看，平台治理的发展目前主要呈现以下几个特点。

1. 管理而非治理

平台在运行过程中会有各种问题暴露出来，无论主动还是被动，所有的平台管理者都会建立相关部门，去解决平台出现的这些问题。目前，管理而非治理体现在以下方面。首先，目标仅限于去解决这些问题，"头痛医头、脚痛医脚"，没有把平台当作一个有机整体看待，没有系统化地建立治理体系，没有为一个更远大的目标——设计"无限的游戏"而服务。其次，这种管理依靠平台管理者的"权力"，平台管理者的作用大于平台的作用。最后，解决问题的实践经验没有被抽象成理论，供行业研究，目前整个行业中平台管理者多在自行探索。

2. 不均衡性

目前各大平台的平台治理发展呈现很大的不均衡性，本书认为阿里巴巴的平台治理部已经在世界范围内处于领先地位。它招聘最顶尖的人才，积极和学术界合作，除了解决阿里巴巴经济体自身问题外，还积极参与社会共治，帮助解决了很多社会治理问题。有些平台（其中不乏巨头平台）仅仅把平台治理部当作一个劳动密集型部门，让其负责简单的业务支持工作。一些平台甚至连平台治理的意识都没有，也没有相应的组织去整体统筹这部分工作。

2015 年 12 月，阿里巴巴宣布组建平台治理部。平台治理部成立时的主要职责是负责电商平台的规则制定与维护、知识产权保护、打假、打击信用炒作等管理事宜。发展至今，这个部门的职责范围已经越来越宽广，拥有众多团队。比如平台治理机制与发展团队，可将它们视为阿里巴巴零售平台线（淘宝、天猫等）的"发改委"和"中小企业发展局"，它聚焦市场主体（商家、消费者、服务商等），通过市场机制的设计，来释放生产力，提升市场的健康度和活力。该团队的工作涉及多个具体业务：商家成长激励机制设计，平台营收及行业发展机制设计，信用体系设计，店铺策略设计，定价体系及商业激励体系设计，平台策略分析，经济学研究，等等。团队成员背景多样，有丰富的经济学、管理学、营销学或数据分析相关研究经验并有较强业务能力。

大型数字平台的平台治理部所从事的工作，从底层逻辑进行抽象，涉及品牌与公众沟通、政府协同治理、商品和内容合规中台、机制与发现等主要工作内容（见图 8-3）。

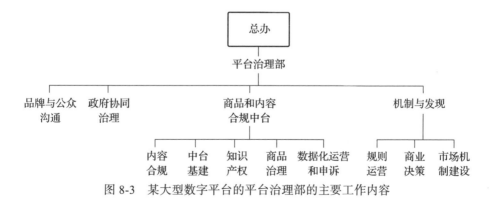

图 8-3　某大型数字平台的平台治理部的主要工作内容

3. 国家层面的监管不断加强

数字平台是从属于社会这个大平台的，近几年国家层面的监管不断加强，平台管理者充分认识到治理体系对丁平台稳定发展的重要性，各大平台相继投入较多的资源去建设自己的平台治理部门，其中发展较为迅速的是京东的平台治理部门（平台生态部），在 2017 年成立，其负责人向京东零售 CEO 汇报，该部门负责商家成长、商家规则等生态机制的设计。

未来我国的平台治理实践和理论发展一定更加迅猛，在高速发展一定时间段后，平台治理一定会进入一个"新常态"。只有拥有良好的治理体系和能力的平台才能解决那些在快速发展期被掩盖的难题，获得持续稳定的增长。

8.3　平台治理与平台生态的关系

1. 社会生态

马克思主义认为社会在本质上是生产关系的总和，而生产关系是指人们在物质资料的生产过程中形成的社会关系。也就是说，社会在本质上是指人们在物质资料的生产过程中形成的社会关系的总和。

环顾四周，你正在阅读的书籍、所住的房子、所穿的衣服、银行卡里的存款，这些都与别人有关，你所穿的衣服也许是远在千里之外的某个工厂的某个工人为你生产的，你和他（她）之间因此形成了一种社会关系，正是无数的这种社会关系在推动着社会的运转。

一个社会的生态系统包括该社会中的人、其他物质（如大楼、汽车等）及活动，以及按照一定的规则形成的社会关系。它们最终形成一个功能系统，便是社会生态。可以按照城市和国家的维度对社会生态进行

划分，比如北京是一个社会生态，我国则是一个包含北京的更大的社会
生态。

社会生态依靠物质资料的生产维持其存在发展所需的能量，依靠系
统的领导者（即政府和各种非政府组织）的治理维持其发展所需的秩序。

2. 平台生态

平台生态的定义目前还没有统一。戎珂等（2018）将平台生态定义
为商业生态系统，他们认为：商业生态系统由随机的组成部分开始，慢
慢地演化成有组织的团体；这些团队共同发展，促进自身及他人的能力
和作用，并倾向于按一个或多个中心企业指引的方向发展自己。简单地
说，商业生态系统包括企业自身及顾客、市场媒介（包括代理商，提供
商业渠道、销售互补产品和服务的人）、供应商，这些都可以被看成商业
生态系统的初级物种[○]。

此外，一个商业生态系统还包括这些初级物种的所有者和控制者，
以及在特定情况下相关的物种（包括政府机构和管理机构，代表着消费
者和供应商的协会与标准）。Mäekinen 等（2014）明确指出，平台型商
业生态系统（platform-based BES，PBES）是建立在相互链接的供应商、
互补商、分销商及（新产品）开发企业等所构成的平台基础上的，其竞
争能力依赖于成员企业利用共享平台来为绩效提升服务，特别是为终端
客户开发新的、有价值的产品和服务[○]。可见，平台型商业生态系统强调
平台构建者的作用、围绕在平台构建者周围的成员企业之间的关系和对
终端客户的关注。万兴等提出数字化平台生态系统是一种以平台构建者

○　戎珂，肖飞，王勇，等. 互联网创新生态系统的扩张：基于并购视角［J］. 研究与
发展管理，2018，30（4）：14-23.

○　MÄEKINEN S J, KANNIAINEN J, PELTOLA I. Investigating adoption of free beta
applications in a platform-based business ecosystem［J］. Journal of product innovation
management, 2014, 31（3）：451-465.

为核心的企业间组织形式，各参与者组织在一起进行价值共创，这种价值共创依赖于架构设计和平台治理的协调[一]。

结合实践，本书认为可以将平台生态拆成"平台"和"生态"两个词语来理解。从抽象的意义上，可以把平台类比为一个国家或一座城市，一个平台也有自己的生产者、经销商、消费者、"法院"等，这些组织或个体在该平台提供的数字终端上进行经济活动，如消费者和生产者在电商平台上进行交易。可见，平台是一个数字化的经济单元。平台内的组织或个体在该平台上进行经济或社交活动的过程中，会形成各种各样的关系。因此，平台生态系统包括平台上的人或企业、物质或活动以及他（它）们之间形成的各种关系，这便是平台生态。

只有具体的社会，没有抽象的社会。具体的社会是指处于特定区域和时期、享有共同文化并以物质生产活动为基础，按照一定的行为规范相互联系而结成的有机总体。对比来看，平台生态也是具体的，不同平台拥有各自演化的特点、构建者意志的差异，这种差异会反应在平台的规则和治理上。

3. 平台治理与平台生态的关系

平台犹如城市，生态是平台内的组织或个体进行社交或交易活动，以及这些活动所形成的各种关系。而平台治理则是平台管理者通过组织结构、人力资源、商业模式设计和制定平台规则，并利用互联网技术等工具来管理平台上组织或个体的行为，以达到高质量的发展目标（见图 8-4）。

　　㊀　万兴，邵菲菲. 数字平台生态系统的价值共创研究进展 [J]. 首都经济贸易大学学报，2017, 19（5）：89-97.

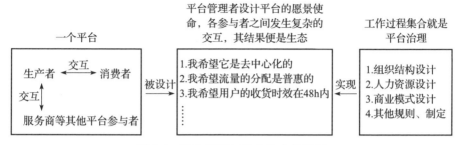

图 8-4　平台治理与平台生态的关系

8.4　设立自己的平台治理部

为了平台的持续健康发展，每一位平台的管理者都应当去设立一个适合自己的平台治理部。在生态和治理的关系中，本书认为生态是结果、治理是过程。在实践中，平台管理者常常从结果出发，将平台治理部命名为"平台生态部"。无论如何命名，这个部门至少要承担以下职责。

1. 设计平台治理的目标

这个部门需要制定从顶层到基层的目标，这是各部门的工作指引。在设计目标时，需要始终牢记：平台治理的终极目标是要设计一个无限的生态游戏，而不是去满足某一方的短期利益，要以终为始去设计平台治理的目标。某平台 B 端商家生态目标拆解见表 8-1。

表 8-1　某平台 B 端商家生态目标拆解

某平台 B 端商家生态目标拆解	
方向	概念
有尊严	规则认同度
	平台关怀 NPS
收入合理	全职 B 端商家收入底线
	收入分配合理认同度
有发展	成长等级体系 NPS

注：NPS 即客户净推荐值。

2. 搭建平台治理的组织

一流的战略需要一流的团队去落实才能收到实效。除了设计目标外，平台治理部还需要打造一个从中台到一线的组织结构。

3. 执行平台治理的日常工作

平台治理部职责包括规则制定、治理执行、数据指标监控、规则和治理产品化、报告发布等日常工作，做好这些日常工作是保障平台稳定运转的基石。

4. 协同政府监管部门

平台治理部有一个非常重要的职能，就是要深度参与协同政府的治理中，如参与平台相关的法律法规的制定、日常的执法（如联合警方打击假货）、数据互通等。企业要摒弃"有限的游戏"思维，平台治理部必须要积极参与政府治理，这会有利于平台的长远发展。

以近几年迅速崛起的社区团购为例，政府在业务发展初期便出台社区团购"九个不得"新规。社区团购平台只有严格遵守"九个不得"，才能实现健康发展。宏观来看，平台治理存在于社会这个更高维的平台之中，必须要遵守一个更高维的管理者从整体上设计的规则；中观来看，政府治理有着几千年沉淀的宝贵经验，平台治理可以从与政府的协作中得到启发，避免成为井底之蛙；微观来看，如果平台治理能积极参与协同政府的治理中，就能做到不违规，这也是有利于自身长期发展的。

5. 与学术界沟通合作

平台治理部应该积极探索与学术界的沟通合作，将学术界的研究成果和平台业务相结合，优化治理体系，可以采取项目合作等常用的方式。

第 9 章

平台治理的对象及参与主体

平台治理到底在治理什么？本章将从这个问题开始，论述平台治理的对象有哪些，哪些角色会参与到平台治理中，在这个过程中，着重介绍平台治理和政府监管的关系、平台治理的策略思维。

9.1 平台治理的对象及影响因素

1. 平台治理的对象

郑称德等（2016）针对双边市场平台将平台治理的对象归纳为：用户网络规模，即买方或卖方参与平台市场的数量；买方的品种偏好，即买方对平台内产品种类的关注程度；产品范围经济，即平台市场为买方提供的产品种类；产品垂直差异化，即平台中产品质量的区别；平台技术，即平台为了高效地促成买卖双方交易而使用的技术；卖方的平台栖息行为，即卖方在平台活动中涉及的行为，基于卖方所处平台数量的差异，平台栖息行为包括单平台栖息行为和多平台栖息行为；卖方促销，即卖方为了吸引买方购买其产品或服务而进行的营销活动；产品供应者的产品创新；平台与用户的关系[⊖]。

结合海尔、酷特智能、沈阳机床等平台企业的实践，将平台治理的对象归为四类。

第一，平台建设和运维涉及平台运转所依赖的基础设施，包括平台软件系统和硬件设施，其是平台价值捕获、价值创造、价值交换、价值分享等活动得以实现的底层支撑。

第二，平台参与主体包括平台核心企业（平台的构建者和管理者）、平台合作伙伴（包括双边市场中的卖方和参与平台建设的外部合作伙伴）、平台客户（主要是买方）。因此，平台参与主体的治理主要面向这些主体的进入筛选机制、迭代更新机制和退出机制等，从而用治理逻辑去替代平台对用户系统的管理逻辑。

第三，平台活动主要是指需求和供给相匹配以及实现相关的活动。对这些活动的治理主要是为这些活动制定恰当、合规、高效的平台规则和制度，保障平台活动绿色高效进行。这些规则可能会随着需要进行优化和完善，具有一定的灵活性。

第四，平台规则背后的立法逻辑是平台治理的关键所在，平台治理区别于传统的管理，需要靠至简的规则去实现对繁杂平台事务的治理。这些规则背后的立法逻辑具有足够的强硬性，不会轻易地被变更。

2. 平台治理的影响因素

鉴于平台治理的动机是实现平台稳定且健康的运转，本书将平台治理

⊖　郑称德，于笑丰，杨雪，等. 平台治理的国外研究综述［J］. 南京邮电大学学报（社会科学版），2016，18（3）：26-41.

的影响因素界定为影响平台稳定且健康运转的环境因素和平台内部因素。

（1）环境因素 结合 PESTE 分析法，影响平台稳定而健康运转的环境因素包括：

政治（politics）因素。显然，平台的运转根植于一定的国家制度和政府法规框架之下，必然要遵从相关法律法规的要求。平台经济的发展推动了政府针对平台发展的系列法律法规文件，平台核心企业（平台的构建者和管理者）在引领平台参与主体制定平台规则和制度时必须要考虑相关法律法规的限制。

经济（economy）因素。平台因其资源整合效率优势而出现，必然关注资源整合的成本，平台经营的业务内容要结合其所服务的国家和地区的经济水平。随着跨国商业平台的出现，平台核心企业在领导平台参与主体制定平台治理规则和制度时同样要兼顾不同国家和地区的经济水平。

社会（society）因素。与经济因素相似，社会因素对平台治理的影响同样需要被考虑到，人口结构和文化习俗差异等同样会对平台治理体系产生不可忽视的影响。

技术（technology）因素。平台经济的繁荣立足于互联网信息技术所带来的互联互通，平台的建设和运维也依赖于相关技术的更新迭代。最重要的一点是，平台治理是对虚拟网络组织形式的治理，其规则制度的落地同样需要技术的支持。

生态（ecology）因素。平台的运行和发展要考虑与生态环境的相互作用，特别是现阶段"碳达峰"和"碳中和"呼声如此之高的今天，更应该关注平台产品、运行与环境的相互影响。除此之外，平台还要考虑加强 ESG（环境，environmental；社会，social；公司治理，governance）体系建设，以提高自身适应环境的能力。

（2）平台内部因素 平台治理主要考虑平台自身的优势和劣势，而优势和劣势来自和外部竞争者的对比。本书结合对调研结果和文献的梳理，从能力视角将平台治理的内部因素归纳为：

一是平台生态建设能力。平台生态建设包括平台技术和治理理念两方面的建设。技术的快速迭代要求平台核心企业在平台建设和维护时紧跟技术的发展，时刻保持平台生态中软硬件基础的可靠性和先进性。这不仅要求平台核心企业具有构建能力，还要求平台核心企业具有整合外部资源的能力。治理理念要紧随时代发展的步伐，遵从最新的治理理念，关注人性，处理好平台多利益相关方的利润分配问题。

二是平台治理的文化建设能力。平台经济需要被置于新的组织文化氛围中加以考虑，平台商业生态的持续繁荣要求平台核心企业引领全体参与主体打造开放、透明、包容的平台文化，并且确立参与主体间公平的竞争机制。

三是平台治理的组织变革能力。平台商业生态组织架构和组织管理逻辑存在新的要求。比如，平台网络的联通和链接要求在网络节点中实现去中心化，这要求平台核心企业的高效响应和支持，而传统的等级制组织架构不能适应这样的商业模式要求，因此平台生态的网络组织要实现扁平化、网络化变革。目前，很多企业都在发展数据驱动的自管理组织形态，这就是很好的例证。此外，平台核心企业的领导者特质对于平台发展战略的制定会存在一定的影响，有必要对它给予一定的关注。

9.2　平台治理的参与主体

平台治理的最终目的是让所有参与主体都能最大限度地从平台的成长中获益。平台治理的参与主体不同于平台活动的参与主体，除了消费者、资源供应者、生产者、服务提供者、机制协调者外，还需要考虑政府和投资者这两大角色。

　　首先，平台活动的参与主体是平台治理的作用对象，在发展组织结构扁平化的趋势下，组织自管理已经成为不可避免的选择，因此平台治理的参与主体必然包括平台活动的参与主体。确切地说，平台活动的参与主体在参与平台治理时实现的是自管理与他管理的融合。这包含两层意思：一是平台治理规则的制定是由平台参与主体共同完成的，平台活动的参与主体在遵循平台治理规则时就是在遵循自己的规则，而这个规则包含了其他参与主体的智慧，因此会进入其管理的范畴；二是在平台活动过程中，存在平台规则覆盖不到的盲区，参与主体在此过程中需要合理把握自身行为的尺度，在争取自身利益最大化的同时也要兼顾其他参与主体的利益。

　　其次，因为平台置身在一定的社会情境中，所以平台的治理需要政府相关部门的介入，对其经营的合法性进行监管，保障市场经济的正常运行。政府监管包括税务监管、资本操作的合法性监管、环境污染的监管、用人用工的合法性监管等。此外，政府服务性部门的介入可以帮助平台更好地服务于平台的用户，同时提高平台参与主体之间的协作效率。如司法和法律部门参与平台治理可以为平台价值创造过程中的利益纠纷提供法律援助和支持，保障平台价值创造和利益分配的合法性，以强有力的手段保障平台的持续运行。

　　最后，平台的正常运行，尤其是在创始初期，需要投资者的资本支持，因此平台治理体系的设计必须要考虑投资者的投资回报，而保障和实现投资者投资回报最直接的方式就是在平台治理的过程中加入投资者的角色，共商共建平台治理的规则、设计策略、选择手段与工具。一如当下公司治理，重大事项变更需要通过股东的决议。

　　可以说，平台治理不是平台管理者自己的事情，需要得到来自内部和外部的支持和监督，未来的平台治理会加入更多的参与主体，除具有相关关系的平台活动的直接参与主体、政府及投资者之外，在自发和自愿的前提下，处在边缘之外的不相关者也能加入平台治理，共同推动平台的高质量发展。

9.3 平台治理与政府监管的关系

近年来，国家市场监督管理总局强调对我国境内网络零售平台服务市场中垄断行为的监管和处罚。平台不得限制其他竞争性平台发展，以维持、巩固自身市场地位。平台不得禁止平台内经营者（商家）在其他竞争性平台开店和参加其他竞争性平台促销活动，不得以多种奖惩措施保障行为实施。平台不得通过流量支持等激励性措施促使平台内经营者（商家）执行"二选一"要求，也不得通过人工检查和互联网技术手段监控等方式，监测平台内经营者在其他竞争性平台开店或参加促销活动情况。防止平台凭借市场力量、平台规则和数据、算法等技术手段，对不执行其相关要求的平台内经营者（商家）实施处罚，包括减少促销活动资源支持、取消参加促销活动资格、搜索降权、取消在平台上的其他重大权益等。

2020年年末以来，反垄断成为我国平台经济的趋势，政府对于数字平台的监管越来越高频，这也给我国的平台治理注入了一股新的力量。

从图9-1中可以清晰地看到平台和政府之间的关系，不同的生产者、消费者、管理者等角色组合成了一个个小平台，他们和政府等其他社会组织一起构成了社会这个大平台。在第1章平台治理的起源和发展中，我们论述了平台内参与者的行为会存在负外部性等特征，进而影响平台的稳定发展，因此平台管理者需要通过制定合适的规则和策略去减弱这种负效应或增强正效应，这也是平台治理得以出现的动机。

再上升一个维度来看待这个生态，一个个小平台构成了更复杂的大平台，平台与平台之间是相互竞争的关系，为了获得竞争优势，平台管理者会像平台内的参与者一样，采取有利于自身的措施。例如通过"二选一"占有商品或服务提供者这一关键要素，通过"大数据杀熟"提高利润率，通过算法"压榨"某些平台参与者以提高效率等。平台管理者说到底也是一家公司，它要赚取利润，要考虑自身的利益，要采取策略获得竞争优势。正像平台内的行为存在负外部性一样，这也有降低整个社会的公平或效率的风险，目前平台的准公共性与商业性之间的矛盾也是社会的重要关注点。因此，需要政府从全社会的利益出发进行治理。

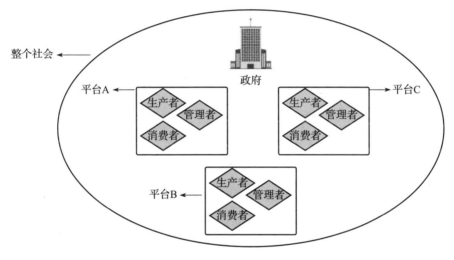

图 9-1　平台在社会中的角色

政府和平台之间主要有以下两种关系：

一是平台的管理者受政府监督治理。平台的管理者是作为公司这一市场主体进行商业活动的，它们受政府相关部门的监督管理。但目前的商业法律体系是基于传统企业这一市场主体及其买卖活动进行设计的，对数字平台经济这一新型商业模式，无论是在立法还是在执法层面上，都尚处于监管的初级阶段。"信息茧房""大数据杀熟"等算法引发的主要问题和其他新挑战都需要新的监管体系。

二是平台内的参与者受政府和平台管理者的治理。平台内的商家、创作者、服务商等平台活动参与者，除受平台管理者制定的规则制约之外，还会受到政府相关部门的监督治理。政府监管部门除根据法律法规直接参与到对平台内参与者的管理之外（如对违法售卖假货商家进行查处），也会通过平台管理者这个中间角色进行治理和指导，例如要求平台管理者下架线上售卖的商品、冻结商户货款给予消费者赔付等。同时，政府监管部门也会依据法律法规来约束平台管理者对参与者的治理，避免平台参与者受到不公平的对待。例如《中华人民共和国电子商务法》第三十四条规定："电子商务平台经营者修改平台服务协议和交易规则，应当在其首页显著位置公开征求意见，采取合理措施确保有关各方能够及时充分表达意见。修改内容应当至少在实施前七日予以公示。平台内经营者不接受修改内容，要求退出平台的，电子商务平台经营者不得阻止，并按照修改前的服务协议和交易规则承担相关责任。"

9.4　平台治理的策略

平台治理的对象包括平台建设及运维、平台参与主体、平台活动、平台规则背后的立法逻辑。平台治理的实现依赖于平台主体，最终要落地在平台治理的对象上。因此，针对平台治理对象差别来探讨平台治理的策略。

1. 平台建设和运维

信息技术更新迭代的速度非常快，平台建设和运维是平台实现价值捕获、价值创造、价值交换、价值分享等活动的底层支撑，其涵盖的平台软件系统和硬件设施要紧跟最新的技术，保持技术的开放性。因此，平台建设和运维的治理策略分为以下三点。

一是自主创新。平台管理者（即平台核心企业）如果自身拥有自主建设和运维的能力，那么可以选择这种方式。选择自主创新的策略进行平台建设和运维可能短期内会增加平台核心企业的成本，但是从长期来看，平台核心企业能最大限度地增强自身的核心竞争力，提高平台的安全性能，保障其自身利益，降低平台运营的对外依赖性和成本。

二是技术引进。技术引进能最快速地实现平台的建设，帮助平台核心企业实现先发优势。这种策略一般会出现在资源依赖性比较强的行业和领域，平台核心企业通过掌握关键性资源，实现寻求外部技术来建设平台，促进自身业务的发展，完善业务生态。如果平台不具备资源依赖性或平台核心企业没有掌握关键性资源，而贸然采用这种方式进行平台化，那么即便掌握了先发优势，也很容易在与后来者的竞争中失去竞争优势。

三是技术共享。平台核心企业在进行平台建设和运维的过程中，自身能力不足，但为了提高对平台的掌控权，平台核心企业通常会选择向外寻求必要的技术支持，即与外部技术团队或企业进行技术共享，以最大限度地保障平台核心企业的话语权、掌控权等。

2. 平台参与主体

平台参与主体包括用户、合作伙伴两大群体。平台参与主体的治理主要包括进入、竞争和退出三大机制。

针对平台参与主体的进入，平台管理者通常采用价格策略来获得双边市场平台网络的正外部效应。在具体的实施过程中，平台管理者发现单纯的价格策略在很多情况下并不能很好地帮助平台获得外部用户和合作伙伴，因此从技术和使用优惠等方面又衍生出了很多辅助性的转移支持策略。对于平台参与主体进入的治理策略，其关键在于平台价值创造和分享的效率和收益，即只有尽可能地为参与主体提供在平台价值创造过程中的更加便利的服务，提高其价值创造的效率，同时设置更加合理的价值分享机制，这样才能更好地吸引平台参与主体的进入，并且不断地优化和改进平台价值创造和分享的机制，保有用户。

针对平台参与主体的竞争，平台参与主体尤其是平台合作伙伴会存在同质竞争的情况，适度的良性竞争能推动平台生态系统的健康运转。因此，平台参与主体的竞争治理需要设计一套公平、公正、合情、合理、透明的竞争规则，这包括一系列的奖惩规则，让平台参与主体都有机会发挥自身的资源和能力优势，同时也要督促其不断创新和精进，使其保有一定的生存危机感和求胜积极性。

针对平台参与主体的退出，原则上平台参与主体的退出只允许淘汰，如果平台某参与主体出于其他原因而主动退出，那么平台核心企业就需要对其退出原因进行考察，是不是平台现有的机制存在不合理的地方，导致了平台参与主体的转移行为。据此，平台参与主体退出的机制设计需要从整体生态的绿色、健康、可持续发展视角出发，为保障平台生态系统的稳定、高质量发展而选择参与主体（没有被选择的主体就是需要退出的主体）。

3. 平台活动

平台活动的治理针对平台价值创造和分享的过程。平台活动的治理策略需要关注平台价值创造过程的资源和能力整合机制，这要求平台核心企业在制定规则时要关注价值创造的效率和效益，要保证参与主体在价值创造中公平竞争，同时要求价值创造过程中各个主体的支出和收益的公正性、全流程的透明性。

4. 平台规则背后的立法逻辑

平台治理系列策略的实现依靠完整的系统规则和制度，但平台治理的策略不是一成不变的，重要的是掌握平台治理背后的立法逻辑：重在解决平台经营矛盾，优化治理体系，而不是单纯地掌握具体的治理策略。平台治理策略需要根据具体的治理情境进行设计、选择和执行。这要求平台核心企业掌握具体规则之上的设计和制定规则的原则。

总之，平台治理策略涉及的是一个动态的治理过程，需要不断创新、调整与优化。因此，以人为本、授权赋能和公正透明的治理思维是平台治理策略的根本所在。

这里从内部视角探讨了平台治理的策略，平台治理还需要关注平台外部。这涉及了平台边界的概念，平台在进行资源和能力整合的时候是开放的，但这种开放是有选择的开放，那些对平台生态系统有补益的内容才会被允许进入平台。换言之，平台的开放性是针对具有潜在价值的内容而言的。

第 10 章

平台治理的六大目标

　　本书将平台定义为"在互联网技术的驱动下，以网络服务器所形成的链接边界"的新型经济体，那么这个新型经济体的目标是什么呢？

　　刚刚开始平台化的时候，快速增长是平台的核心目标——快速获得消费者、快速获得生产者、快速占领市场等。这种快速增长确实帮助很多平台跨越了小体量阶段，成为大体量的经济体，如阿里巴巴、美团等。如今，在各行各业基本上都已经平台化的情况下，在流量逐渐枯竭的现实条件下，平台构建者还能把快速增长当成核心目标吗？本书第 1 篇已经论证了平台的增长应该由追求速度向追求质量转型。因此，稳定增长应该是当今平台的核心目标，是其能持续增长的基础。如何确保这个目标的实现？哪些因素会破坏平台的稳健性？这些正是平台治理要解决的问题。平台治理应该实现六大目标：保证平台市场有效性、提高平台声誉、实现内在系统自运行、建立合理的利润分配机制、资源效用最大化、人与平台协同发展。

10.1　保证平台市场有效性

有效市场是指资产的现有市场价格能充分反映所有有关、可用信息的资本市场。结合实践成果本书将平台市场有效性界定为：不存在阻碍平台核心交互的阻力。例如，电商平台中商家以次充好的行为就是影响该电商平台核心交互的一个阻力。在平台上，存在各种各样的阻力，换言之，现有平台中有很多市场失灵的表现。通过平台治理调节市场失灵、保障市场有效，是平台治理的重要目标，那么平台的市场失灵有哪些常见的表现呢？

1. 信息不对称

第一种市场失灵的表现是由于信息不对称带来的各种现象。以电商平台为例，平台上 B 端商家以次充好的行为就是一种非常典型的市场失灵的表现。在一个电商平台中，由于买方和卖方之间的信息是不对称的，卖方比买方知道更多的商品信息，便可能利用这种信息不对称以次品充当好品赚取利润。消费者会因为购买到次品而离开平台，这会带来负外部性——平台中的其他商家也失去了此消费者。虽然次品商家获得了超额利润，但损失了更多的平台的整体成本。

2. 侵权

第二种市场失灵的表现是侵权。清晰的权利界定和对所有者权利的保护是我国这个大平台在改革开放后经济不断获得腾飞的重要原因，这能激发市场主体的活力，使其不断满足消费者需求，从而获得经济利润，使整个市场充满活力。这也是平台的内在运行机制，商家为消费者提供好的商品和服务，获得收益，这个收益的一部分又会用于在平台上购买其他商品和服务。而如果商家的权利被侵犯，那么它们便没有了不断为平台供应新产品的动机。

平台上的市场主体做出侵权行为对平台来说是一种市场失灵的表现吗？本书认为以"山寨"为代表的侵权行为会破坏平台的稳健性，是市场失灵的一种表现，也是平台治理的重要目标。

平台是一个由商家和消费者等多种角色组成的交易市场，"山寨"问题会对这个市场造成重要的破坏，是一种典型的市场失灵表现。但需要指出的是，当讨论市场失灵对平台的影响时，无论是何种影响，一定是基于"这种问题的量级已经很大"的前提，如果是小概率事件，则个别侵权行为会被市场调节甚至消灭。

"山寨"问题对于平台的影响可以从内生和外生两个方面来看。从外生来看，市场监管总局、知识产权总局等政府机构是监管山寨问题的主要部门，各种法律法规也对"山寨"问题的处理提供了法律依据。我国非常重视保护各方正当权利。因此，在法律法规的宏观环境方面，平台应严格遵守国家法律法规，接受政府部门的监管，为维护被侵权方的权益提供支持。从内生来看，"山寨"商品和正品在名称、包装、外观上高度相似，足以导致消费者混淆或误认。这是经济学典型的"搭便车"行为，如果不治理"山寨"问题，平台上的经营商家就可能不愿投入资源在产品创新上，因为其创新出来的商品会被其他商家"搭便车"。这会影响平台的市场活力，而市场活力和平台的稳定增长高度相关。

另外，"山寨"问题对消费者的权益也会有损害。例如，一个为了购买正品手机而来到平台的消费者，被产品外观、主图、商品详情页、广告语、名称高度相似的"山寨"商品误导而购买，这会严重影响消费者的购买体验，而且消费者为辨认出正品需要耗费大量成本，这与平台的降低交易阻力的目标是相悖的。"山寨"是侵权的常见表现之一，是一种典型的市场失灵，是电商平台一直以来的治理难题。

3. 漏斗形马太效应

第三种市场失灵的表现是漏斗形马太效应。马太效应是指强者越强、弱者越弱的一种效应，只要有市场，便会存在这种效应。在一个平台上，头部商家最大的优势是顾客价值资产，这种资产越多，越容易发展，头部商家由于其先进入平台或进入之前就已经拥有大量资源（品牌、资本）等而获得顾客价值资产。

顾客价值资产是什么呢？这来源于营销专家菲利普·科特勒、凯文·莱恩·凯勒在《营销管理》一书中提出来的价值三角形的理论[一]，顾客价值包含有形价值、无形价值、购买成本。有形价值是指产品本身（如质量、功能、外观等）。无形价值是指抛开产品本身而言的其他价值（如商家带来的服务体验等）。购买成本是指顾客需要付出的货币或时间成本，顾客始终追寻价值最大化和成本最小化（见图 10-1）。

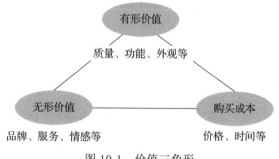

图 10-1　价值三角形

头部商家因为在平台上经营时间长，积累了大量可以传递顾客价值的有效信息，比如积累了大量好评、平台基于各种经营数据给予的标签，这些都是新商家所不具备的顾客价值资产。平台商家通过自身努力积累顾客价值资产是平台发展的必然结果。如果一个平台的马太效应分布是

㊀ 科特勒，凯勒. 营销管理［M］. 卢泰宏，高辉，译. 北京：中国人民大学出版社，2009：1-84.

正态分布或纺锤形分布，则不会影响平台的稳健性，但大多数平台的马太效应分布却是漏斗形的，这会破坏平台的稳健性发展（见图 10-2）。

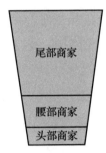

图 10-2　漏斗形的马太效应分布

以电商平台为例，绝大多数商家是赚不到钱的尾部商家，资源会向少数的头部商家聚拢，包括本应给到腰尾部商家的资源。头部商家越来越赚钱，尾部商家被自然淘汰，又没有大量腰部商家的补充，最后的结果是平台商品或服务的丰富性逐渐降低，头部商家形成对细分市场的自然垄断。这对平台而言是非常不利的，会给平台生态带来危害。

- 对平台管理者而言，头部商家在各细分市场形成垄断，在未来各种涉及利益分配的博弈中平台管理者将失去话语权；新商家没有入驻动机，平台商家数量增长将受到限制；反映在财报上的平台整体营收和利润会逐渐降低，影响投资机构对平台的投资。
- 对消费者而言，由于大量尾部商家被淘汰，商品和服务的丰富度会降低；垄断商家如果趁机提高价格，则会损害平台用户的利益。

4. 缺乏信用

第四种市场失灵的表现是平台主体缺乏信用。数字平台的发展，让"不见面"的经济交往越来越频繁，这大大降低了平台主体失信的难度。

收到的商品和页面描述不一致、促销前提高价格、违背承诺等失信行为在各大平台时有发生。对商家和消费者来说，信用是沟通和交易的基础，也是市场发展的基石。如果平台主体缺乏信用，就会危及整个平台秩序的稳定。

平台市场的有效性是其获得稳定发展的重要因素，然而导致市场失灵的因素却一直存在，换言之，影响平台核心交互的阻力一直存在。平台治理的目标之一便是降低交易阻力，保障平台市场的有效性。

根据实践经验，上述四种常见的市场失灵表现较为常见，每个平台所面临的情况也会有所差异。因此，结合各平台的特色去制定相应的治理策略，对平台的稳定发展有重要意义。

10.2　提高平台声誉

1. 平台声誉的概念

学者和商业实践早已认识到声誉对于一个企业的重要性，在商业社会中，声誉就是一切。鲍勃·埃克尔斯、斯考特·纽奎斯特和罗兰·沙茨发表在《哈佛商业评论》上的一篇文章指出，股市的所有市值中有70% ～ 80% 出自难以评估的无形资产，如品牌价值、知识资本、良好意愿等。享有绝佳声誉的企业可以招募并留住最好的人才，为自家的产品做出更高的定价，创造出良性循环。而声誉不佳的企业恰恰相反，它们会在招募和保留人才方面困难重重，会受到政府和监管方的猜忌，而且顾客和投资人也会避之唯恐不及⊖。

那么，对平台这个新型经济体来说，声誉指什么呢？平台的一大典型特征是拥有很多角色，也就是"边"。爱彼迎拥有房东、房客及爱彼

⊖　沃勒，杨格. 声誉争夺战 [M]. 刘小妹，译. 北京：中信出版社，2018：自序.

迎公司等角色；今日头条拥有作者、读者及字节跳动公司等角色；京东拥有卖货的商家、消费者、各种服务商及京东公司等角色；海尔的平台组织拥有平台主、"小微主""小微"成员等角色。除内生于平台的这些角色之外，还有对平台的稳定发展起着重要作用的外部监管角色，如政府和媒体。

正如本书前文所言，平台是一个由多种角色有机构成的市场（系统），它和传统企业有很大不同，对一个市场（系统）而言，声誉的定义是信任，只有各种角色之间彼此信任才能保证这个市场（系统）的稳定发展。以电商平台为例，C 端用户对 B 端商家的信任、B 端商家对服务商的信任、政府对平台拥有者的信任等，这些角色之间的信任共同构成了平台的声誉。

假设一个平台有 N 种角色，也就有 N 条边，那么其信任关系就有 $(N-1)^N$ 种。可见，越是复杂的平台，建立良好声誉的难度就越大。

2. 平台声誉的重要性

平台声誉的重要性主要体现在内生和外生两方面。如果平台各种角色之间的信任出现问题，就可能给平台带来致命的伤害：一是会带来对网络效应的破坏，进而影响该平台各边之间的稳健性；二是会带来政府对平台的惩罚。

（1）破坏网络效应　网络效应与一个网络的价值、网络中的节点数成正比。典型例子是电话网络，只有装电话的人多了，电话网络的价值才能充分体现出来。对多边平台来说也是这样，以电商平台为例：只有 C 端用户足够多，B 端商家才会愿意进入，因为它们可以卖出更多的商品或服务；同样，也只有 B 端商家足够多，C 端用户才会愿意使用这个平台，因为有足够多的商品或服务供其选择。也就是说，平台里的一边对于加入某平台有价值预期，这个价值预期取决于此边对该平台上的另一边规模的预期。假如，当 C 端用户不信任 B 端商家时，他们便会离开平台；而 C 端用户的减少，会使得 B 端商家逐渐退出平台；这又会带来 C 端用户的进一步减少，如此反复，直至平台消亡。

（2）引致政府惩罚　平台经济的迅速崛起正在对传统的"政府与企业"治理结构产生巨大冲击，政府直接治理所有市场主体的传统模式不再适用，政府会通过加强对平台核心企业的立法和治理，驱动自己监管平台上的各主体。2019 年 1 月 1 日，《中华人民共和国电子商务法》开始实施，电子商务平台必须在遵纪守法的前提下经营。

一个撮合卖家和买家的商业平台，无论是京东、淘宝这样的电商平台，还是去哪儿、携程这样的旅行平台，抑或是优步这样的出行平台，都会面临平台上众多利益相关者之间的信任问题。如何在复杂的环境中，保证平台的良好声誉，从而保证平台的经济增长，这是平台面临的巨大挑战，平台需要建立起有效的治理体系。

10.3　实现内在系统自运行

平台治理的第三大目标是使平台的内在系统能自运行。自运行的内在系统具有四大特征。

1. 自动识别问题

当问题出现时，内在系统能自动识别并将其反馈给下一层系统或人，这需要平台治理人员具有丰富的业务经验，了解平台的特殊性，设计好相关触发机制。良好的治理体系需要尽量缩短发现问题的时间。以出行平台为例，经常播报的"前方路口事故多发，请注意减速"这样的语音信息，就是内在系统根据历史数据自动识别出该车辆将要经过的路口危险系数较高，并触发了提醒驾驶人的策略。

2. 自动触发策略

当内在系统识别到问题后，该怎么解决问题呢？较差的治理体系，是将这个问题反馈给人，由人去解决；较优的治理体系应该是自动触发相应的策略。如前所述，内在系统识别到驾驶人将要经过的路口危险系数较高，自动触发了语音播报。

3. 灵活调节机制

良好的治理体系应该具备人工灵活调整策略的机制，问题是会随着时间变化的，策略也应随之变化特别是在治理领域，不可能一套策略永久不变，因此现有的治理体系应该可以允许人工灵活调整策略。

4. 多系统协同

如果我们将一个大平台解耦来看，会发现它们大多是由很多个子商业系统组合而成的。以抖音平台为例，它至少包括以下子商业系统：3分钟以下的短视频模块，3分钟以上的中长视频模块（现在多数调用西瓜视频内容），直播模块，广告模块，以抖音小店为载体的电商模块，到店餐饮 / 娱乐 / 电影票等本地生活交易模块。这些子商业系统都是在巴掌大的手机屏幕上，通过抖音 App 一条条自动播放的视频和用户交互的。抖音平台上的这些子商业系统的交互不是割裂的，而是牵一发会动全身的整体。平台治理的重要作用便是将这些子商业系统有机结合起来，保障整体平台的健康。

10.4　建立合理的利润分配机制

平台是一个由多种参与主体共同参与、共同创造价值的生态系统，合理分配利润是平台治理的重要目标，如果分配得不合理，便会引发参与主体的不满，它们甚至会退出平台。

在利润分配方面，平台的管理者应该关注两项内容：一是指标，即什么样的指标能反映现在平台上各主体的利润分配情况；二是分配制度，即采取什么样的分配制度是合理的。

1. 基尼系数

基尼系数是国际上用以衡量一个国家或地区居民收入差距的常用指标。基尼系数介于 0 和 1 之间，基尼系数越大，表示不平等程度越高（见图 10-3）。

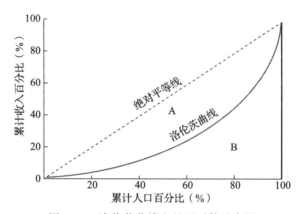

图 10-3　洛伦茨曲线和基尼系数示意图

资料来源：本书作者根据《宏观经济学》相关内容绘制。

基尼系数的计算方式是：A / (A+B)，绝对平等线代表的是绝对平均收入分布线（基尼系数为 0，即人与人之间收入完全平等，没有任何差异），x 轴是绝对不平等分布线（基尼系数为 1，即 100% 的收入被一个单位的人全部占有），洛伦茨曲线代表实际分布线。

一般认为：基尼系数低于 0.2 表示收入过于公平，而 0.4 是社会分配不平等的警戒线，因此基尼系数应保持在 0.2 ～ 0.4，低于 0.2 则社会动力不足，高于 0.4 则社会不安定。

如本书前文所述，平台治理需要从国家和城市的治理经验中多多学习，基尼系数就是一个很好的借鉴。那么该如何计算一个平台的基尼系数呢？以电商平台为例，电商平台最核心的利益相关者是提供商品或服务的商家，把基尼系数中的人口调整成商家即可（见图 10-4）。

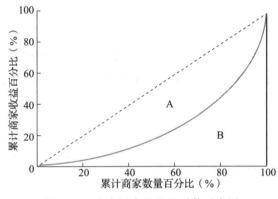

图 10-4　电商平台的基尼系数示意图

如果基尼系数过低或过高，也就是说平台的利润分配不均衡，那么会出现哪些问题呢？以电商平台为例，结合实践结果，本书将基尼系数过低或过高的影响总结为如图 10-5 所示的模型。

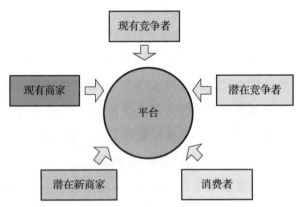

图 10-5　基尼系数过低或过高的五力影响模型

（1）基尼系数过低的影响　基尼系数过低说明所有商家的收入非常平均，这反映了平台缺乏有效的措施激励优质商家，甚至可能有"劣币驱除良币"的现象正在发生。无论是现有商家还是潜在新商家，它们都缺乏竞争的动力。用心经营、渴望干出一番事业的商家退出平台，使得消费者能享受到更好的服务或商品的机会减少。现有竞争者或潜在竞争者会进入市场，抢夺平台的商家和用户。最终的结果则是——平台停止增长。如果这是一个竞争性市场的话，不借助政策，这样的平台将会淘汰。

（2）基尼系数过高的影响　基尼系数过高说明商家的收入差异较大，少量商家在平台赚取了大量财富，大量商家是 GMV 增长的陪跑者。基尼系数大于 0.4 就比较严重了，大于 0.6 就非常危险了。有学者研究：明朝末年，李自成揭竿而起时，基尼系数是 0.62；清朝，太平天国起义时是 0.58；20 世纪初，国民党政权被推翻时是 0.53。

对现有商家来说，如果绝大多数商家都赚不到钱，这将是一个非常危险的信号。这很可能是平台对于大品牌商家在流量、搜索权重、广告位上有照顾，也有可能是平台的某些形式有损小商家的利益，如过高的广告费、流量费，还可能是平台各要素的运行成本太高。这说明了该平台的流程、技术、组织有效性等出了问题，更可能是平台的规模太小，这反映了平台获客能力较差。这都会带来部分商家退出的结果，而商家和商品数量是平台稳定增长的基础。

对潜在新商家来说，它们不会入驻大多数商家都赚不到钱的平台。

对竞争者来说，现有竞争者会抢走很多好商家，潜在竞争者看到机会也会进入。

对消费者来说，由于大量尾部商家被淘汰，平台商品丰富度会降低，而且面临垄断商家提高价格和降低服务水平的风险。

对平台管理者来说，一旦头部商家在各细分市场形成垄断，在未来各种涉及利益分配的博弈中平台就会失去话语权；如果新商家不敢入驻，老商家退出，则平台中商家数量增长受限，平台会失去竞争力，甚至面临存亡危机。

2. 分配制度

平台的管理者制定利润分配制度时，需要着重考虑两个方面。

一是参与者的认同度。参与者对于平台的利润分配是否认同是平台治理部门需要重视的。某平台曾因为提高平台对利润的占比而引起大量商家不满，其业务运营受到严重打击。另一平台为了缓解利益相关者的不满，而提高了该利益相关者的利润占比，但收效甚微。

二是分配制度的有效性。平台核心企业在设计利润分配制度时，除了要考虑公平性外，还需要考虑到有效性。任何的分配制度，都有标准，有标准就一定会有人达到标准而有人达不到标准，从而产生矛盾。平台应重视这种矛盾，鼓励参与者为平台提供更好的商品、更好的服务，推动各参与者之间形成更好的交互。

10.5 资源效用最大化

罗纳德·科斯在《企业的性质》一书中指出：市场的运行是有成本的，通过形成一个组织，并允许某个权威（一个"企业家"）来支配资源，就能节约某些市场运行成本⊖。当存在企业时，某一生产要素（或它的所有者）与企业内部同它合作的其他一些生产要素所要签订的契约的数目就大大减少了，一系列契约被一个契约替代了。科斯认为企业得以存在的一大原因是降低交易成本，更有效地配置资源。从这个视角出发，

⊖ 科斯. 企业的性质［M］. 姚海鑫，邢源源，译. 北京：商务印书馆，2020：1-15.

平台也是一种资源配置的方式，通过更好的资源配置满足人们的需求。平台治理的目标之一便是使得平台在资源配置的状态上始终是最优的，即可用资源是否用在了不断为终端消费者创造更好的商品、更好的服务、更低的价格上，平台治理旨在解决资源配置无效率、低效率的问题。

1. 解决寻租问题

目前在各大平台上，一般都会有一种角色掌握着平台的核心资源——流量，这种角色一般是商家运营者，或平台核心企业的员工，他们影响到流量的分配。不法商家会为了争取到特定的流量而贿赂掌握资源的角色，这就会使本来应该投入到为终端消费者提供更好商品或服务的资源转移到运营方面，造成了浪费。这就是典型的寻租问题。因此，平台应该建立完善的治理体系解决此类问题，常见解决办法如下。

一是增加寻租成本：建立对贿赂商家及相关运营者进行严厉处罚的制度，涉及违法的移交公安机关。以下是某大型平台治理部在前台公示的制度[一]：

2.8　不正当牟利：商家采用不正当手段牟取利益的行为，（细则）包括但不限于以下情形。

2.8.1　商家或商家工作人员向平台员工及关联人士直接或间接赠送礼金、物品、有价证券或采取其他变相手段提供不正当利益，包括但不限于现金、支票、信用卡礼品、样品或其他商品、娱乐票券、会员卡、货币或货物形式的回扣、回佣、就业或置业、商家付款的旅游等个人服务。商家无论是否获得利益，每次扣 100 分。

2.8.2　商家向平台员工及其关联人员提供任何形式的借款的，每次扣 100 分。

　　○一　京东开放平台不正当牟利细则［EB/OL］．［2022-07-26］．https://rule.jd.com/rule/ruleDetail.action?ruleId=3402.

2.8.3　商家向平台工作人员及 / 或其关联人士明确表达不正当牟利意图或已经开始实施不正当牟利行为，但由于商家意志以外的原因而未得逞的，构成不正当牟利未遂，每次扣 25 分。

2.8.4　商家的股东、董事、监事、高管及工作人员为平台工作人员的，每次扣 100 分。

2.8.5　商家的股东、董事、监事、高管及工作人员为平台工作人员的关联人士且该平台工作人员未向平台如实提前申报或备案的，每次扣 50 分；若有利用平台工作人员职务便利条件的牟利行为的，每次扣 100 分。

商家有上述不正当牟利行为的，无论是否获得利益，平台有权不向其提供或接受其提供的任何商品或服务；同时，商家开设的关联店铺六个月内受限参加京东营销活动。

二是将分配资源的标准规范化、流程线上化、过程数据化。按照标准将资源分配给商家。在事前制定好标准，可以不确定具体的数值，但要确定明确的指标，比如运营者可以按照商家的服务水平、交易额、好评率等指标组合确定资源分配。另外，要将这种分配机制系统化，由运营在线上进行配置，所有的数据都能被系统记录，事后问责时有充分的依据，也能对掌握资源的角色有一定的警示作用，治理部门也可以根据系统记录的数据建立模型做好风控管理。

2. 解决发展不协同问题

如果对平台的发展不做调控，就会扩大平台参与者之间的不平衡性：起点较高的商家发展太顺利的话，新进入平台的商家或经营弱势品类的商家将面临发展的限制。这也是平台治理需要解决的问题——新商家和弱势品类发挥了补充平台商品的丰富度及长尾性作用，资源不能流向它们对平台的稳定增长是有害的。

3. 公共资源的过度使用

有些生产依赖于公共资源，如服务器资源。这类公共资源在技术上难以划分归属，在使用中也不宜明晰归属，常会出现被过度使用的情况。以电商平台为例，发布商品耗费的是平台的服务器资源，其数量除了会直接影响经济成本外，还会影响推荐策略的计算速度等，一些商家会发布大量的无效商品，因为不需要承担这部分成本。可以看到京东和阿里巴巴的平台治理部门已经开始在解决此类问题。

10.6　人与平台协同发展

平台不是哪一家公司，而是各种参与者及其互动关系的组合。平台治理的第六大目标是人与平台的协同发展，提升各参与者对平台的认可度。在实践中，大多数平台会把这种认可度叫作信任，各参与者信任平台才能保障平台的稳定增长。实践中，往往会出现很多不协同的情况，如一些平台管理者利用市场支配地位单边签订排他性服务提供合同，也就是常说的"二选一"，这会引发商家对平台的不认可。要做好人与平台的协同发展，需要重点关注以下三种角色。

1. 平台管理者

平台管理者对于平台的发展有着较高的话语权，但平台管理者在做决策时因顾及股东利益而引起其他参与者的不满，其利润分配制度未得到利益相关者的认可，这会破坏平台的稳健性。

2. 供给者

为终端消费者提供商品或服务的商家是平台重要的参与者。在实践中供给者和平台管理者常常有着较大的矛盾。无论是出行平台的司机，还是电商平台的商家，抑或是内容平台的作者，提升其作为供给者对平台的认可度，这都是实现人与平台协同发展的关键因素。

3. 终端消费者

终端消费者是平台的价值源点，正是他们的需求触发了平台的资源配置，从而创造了价值。平台和终端消费者的关系不是一次性的交易关系，而是不可分割的一体化组织。只有充分保障终端消费者的权益，才能实现平台的稳定发展。

第 11 章

平台治理的保障体系

平台治理的最终目标是要实现平台稳定且健康的运转，设计一个"无限的游戏"，让平台永远地运转下去。组织设计、人力资源设计、商业模式设计都是平台治理的实用工具，有助于平台建立自己的生态。那么，要实现平台治理能力，需要哪些基础保障呢？平台治理的保障体系包括以下七项主要内容。

11.1 政府的协同共治

经过近几十年的发展，我国如今的平台早已不是 20 世纪 90 年代阿里巴巴的 B2B 平台那样简单。我国线下场景的复杂性，以及生活服务平台的多样性，是世界其他地方都没有的。在《平台垄断》《平台革命》等众多研究平台经济的著作中，没有对生活服务平台的深入研究。专家关注的多是平台的规模效应，而不是实际服务中可能出现的归零风险。以出行平台为例，出行的线下场景和环境非常复杂，出行平台的核心企业不仅是一家科技创新企业，也是一家社会服务企业。网约车、出租车、顺风车满足了百姓日常出行需求，出行平台的安全、服务能力影响着他们的生活。近年来，随着这种新业态的发展，其影响力越来越大，从某种意义上说，其关乎国计民生。很多平台现在所面临的问题都是历史上从未出现过的，仅依靠平台内部治理难以解决，迫切需要政府的规范和引导。结合相关研究及近两年的实践经验，我们认为政府的协同共治可以重点关注以下五点。

1. 数据共享

目前来看，政府相关部门的数据和平台的数据多是独立的，比如交通运输部的数据和出行平台的数据、市场监管局的数据和电商平台的数据，这些数据的互联互通，对于解决社会问题将大有裨益。国务院办公厅在 2019 年 8 月 8 日发布的《关于促进平台经济规范健康发展的指导意见》（国办发〔2019〕38 号）中强调：要加强政府部门与平台数据共享，畅通政企数据双向流通机制，制定发布政府数据开放清单，探索建立数据资源确权、流通、交易、应用开发规则和流程，加强数据隐私保护和安全管理；推动完善社会信用体系，加大全国信用信息共享平台开放力度，依法将可公开的信用信息与相关企业共享，支持平台提升管理水平，利用平台数据补充完善现有信用体系信息，加强对平台内失信主体的约束和惩戒。

2. 依法监管

2019 年 1 月 1 日正式实施的《中华人民共和国电子商务法》，弥补了近些年对电商平台监管的法律空白，是政府参与平台治理的一大进步。之前的商法门类是在经济学家科斯所界定的企业经济时代下的产物，未来平台经济必将引领新的时代，之前的法律是否可用以及如何与时俱进是重要的课题。

3. 责任界定

科学地界定平台责任和政府责任，是做好平台和政府协同共治的基础。《关于促进平台经济规范健康发展的指导意见》中指出：科学合理界定平台责任，明确平台在经营者信息核验、产品和服务质量、平台（含App）索权、消费者权益保护、网络安全、数据安全、劳动者权益保护等方面的相应责任，强化政府部门监督执法职责，不得将本该由政府承担的监管责任转嫁给平台。

4. 差异对待

不同的平台面临的问题不一样，政府参与到平台治理中也不能奉行一套标准，需要根据平台特点差异化对待，2018 年交通运输部、公安部等九部门联合进驻某出行平台就是一次非常好的合作方式。《关于促进平台经济规范健康发展的指导意见》中指出：要探索适应新业态特点、有利于公平竞争的公正监管办法。本着鼓励创新的原则，分领域制定监管规则和标准，在严守安全底线的前提下为新业态发展留足空间。对看得准、已经形成较好发展势头的，分类量身定制适当的监管模式，避免用老办法管理新业态；对一时看不准的，设置一定的"观察期"，防止一上来就管死；对潜在风险大、可能造成严重不良后果的，严格监管；对非法经营的，坚决依法予以取缔。

5. 拥抱监管

平台不要害怕政府、排斥监管，相反平台管理者应该带领参与者积极拥抱监管，和政府精诚合作，探索出一套解决平台问题的良好治理体系，做到内部平台治理体系和外部监管体系的有机融合。

11.2　社会公众的协同共治

实践中发现，很多平台核心企业（平台的构建者和管理者）设计平台治理的所有规则、产品、流程，也由它们执行所有规则。这样的治理体系很容易出现偏颇。

2019 年 6 月 25 日，在阿里巴巴的罗汉堂数字经济年会上，阿里巴巴集团首席执行官张勇和三位诺贝尔经济学奖得主共同对话，分享了对于"平台和平台经济"的最新思考。他们探讨了一个核心问题：平台的所有者是谁？在张勇看来，平台型公司并不是平台的所有者，而只是在运营这个平台。平台型公司只是平台很重要的一部分，但不是全部。本书更喜欢把平台型公司称为平台核心企业（平台的构建者和管理者）。2011 年诺贝尔经济学奖得主托马斯·萨金特在现场分享了 GitHub 的案例："GitHub 就是个免费分享的平台。我不知道谁拥有 GitHub，但全球科学家都在使用。"

正是所有参与者的共同参与，才造就了平台的效率。因此，在平台治理领域，平台的核心引领者应该按照"平台核心企业（平台的构建者和管理者）指导、公众参与"的协同共治理念去设计平台治理体系，提高平台治理能力。目前，实践中已经有很多平台这么做了。

1. 闲鱼平台的小法庭制度

闲鱼是阿里巴巴旗下的一个二手交易平台，相较于天猫、京东等 B2C 平台而言，卖家多为没有工商资质的个人，且人数巨大达 3 000 多万（远远多于 B2C 平台的几十万），买卖的商品是非标的二手货物。面对这样的复杂背景，闲鱼平台设计了小法庭的纠纷处理机制。由历史交易行为良好且芝麻信用分 650 以上的闲鱼用户组成评审员库，当买卖双方出现纠纷时便可申请小法庭仲裁，将由不同背景的 17 位评审员根据双方举证进行评审，率先获得 9 票者获胜。这种方式不仅提高了平台治理的民主性，也大大提高了效率，据官方数据，超过 95% 的问题判定可以在 12 小时内完成。

2. 知乎平台的众裁议事厅

众裁是知乎用户参与平台内争议解决的机制。符合条件的争议内容会启动众裁机制，由多位众裁官投票决定是否违规。满足 30 人投票且违规或不违规投票占比达到 60% 条件的，众裁结果有效，被判定违规的内容会基于平台规则被自动处置。由用户去决定内容是否需要被下架，这在内容平台中尚属第一次，是很大的创新。

11.3　产学研协同机制

目前我国平台治理的理论研究和实践都处在初级阶段，并且产业界和学术界没有很好地互通，很多平台目前仅仅把平台治理当作劳动密集型领域，不舍得投入较多的资源，也没有利用学术界的知识和政府治理的成熟经验。欣喜的是，我们已经看到了这样的融合趋势，其中做得比较好的有阿里巴巴和百度。促进产学研协同机制的建立和发展，利用集体智慧解决平台的难题也是我们的理想，要做好产学研的协同，应着重关注以下三点。

1. 组织化

建立良好的合作组织是实现产学互通的前提，在这方面值得学习借鉴的是阿里巴巴。早在 2017 年，阿里巴巴就成立了阿里研究院，依托阿里巴巴的海量数据，深耕小企业前沿案例，集结全球商业智慧，以开放、合作、共建、共创的方式打造具影响力的新商业知识平台。自成立以来，阿里研究院与业界顶尖学者、机构紧密合作，聚焦电子商务生态、产业升级、宏观经济等研究领域，做出了很多优秀的研究。

以阿里研究院为核心，阿里巴巴演化出了一系列产学结合的项目。2018 年 6 月 26 日，由阿里巴巴倡议，全球社会学、经济学、心理学等多领域的顶尖学者们共同发起的研究机构——"罗汉堂"在杭州成立。罗汉堂的成员是全球学者，阿里巴巴等为相关研究提供支持，罗汉堂主要解决的是伴随数字平台经济时代到来而出现的经济和社会形态、社会治理等领域的问题。2019 年，阿里巴巴发布了另一项产学结合项目——"阿里活水计划"，旨在搭建"实践者 + 研究者"在线对接平台，发掘阿里巴巴生态案例和数据的价值，支持优秀青年学者成长，提升我国数字经济研究水平。同时，阿里研究院也会不定期和各大学就专门话题开展研讨。阿里巴巴每年还会举办智库大会，至 2022 年 2 月已举行四届。阿里巴巴针对产学研合作的各项组织化建设，为学术研究提供阿里巴巴丰富的数据、案例、资金支持，产生了很多领先的研究报告，这些成果又反过来指导阿里巴巴的实践，帮助其实现稳定增长。

2. 平台管理者重视

要建立良好的产学研协同机制，需要平台管理者从战略上重视它，因为这是一个长期的项目，不是一蹴而就的，就像我国连续多年将 GDP 的超过 4% 投入教育领域，为的也是长期发展。改革开放后，对教育的重视在我国的发展中起到不可替代的作用。平台管理者的重视对做好产学研的协同具有重要意义。

3. 重视人才

目前，很多平台还没有认识到平台治理的重要性及复杂性，把它当成一个劳动密集型工作。长期来看，这是非常不利的，平台只有肯花资源招聘优秀人才，才能在未来的发展中不落后。在重视平台治理的人才方面，阿里巴巴走在了前沿。阿里巴巴对平台治理经济研究和机制设计专家的招聘要求：

- 经济学相关专业博士（包括但不限于经济学、管理学、金融学、市场营销等领域）。
- 在经济学理论及数据实证方法上都接受过扎实的训练，能熟练运用经济学理论框架及实证方法解决平台机制设计相关问题。
- 有良好的编程基础，能很好运用 SQL、Python 或 R 处理数据分析问题。
- 有充足且可证明的经济学相关领域的研究经验。
- 优异的合作和沟通技巧。
- 有互联网数据分析相关工作经验的优先考虑，编程能力突出且有大数据算法经验的优先考虑。

满足上述条件的优秀硕士毕业生也可以申请。

从招聘要求中可以看出，阿里巴巴已经意识到平台治理人才对于平台长期发展的重要性。

11.4　完善的信用体系

目前，社会信用体系的建设是我国进行社会治理的重要抓手，这是在《社会信用体系建设规划纲要（2014—2020 年）》指导下，逐步完善的庞大工程,从横向上看,它包括公共信用体系、企业信用体系和个人信用体系。

本书一直强调的是,从底层逻辑上看,平台就好比一个国家或一座城市,要做好平台治理一定要学习政府治理经验,只有这样才能更好地解决问题。国家的社会信用体系建设经验就非常值得借鉴,信用是平台治理的一大保障,需要建立平台各参与者关于什么该做、什么不该做的统一认知,要做好平台的信用建设,应该重点关注以下几点。

1. 密切和政府合作

平台和政府做好数据互通,配合政府制定相关法律,参与探讨平台参与者失信的公开公示等制度,只有和政府密切合作才能建立好平台的信用体系。国务院办公厅 2019 年 8 月 8 日发布的《关于促进平台经济规范健康发展的指导意见》中也强调了要加大全国信用信息共享平台开放力度,依法将可公开的信用信息与相关企业共享,支持平台提升管理水平,并利用平台数据补充完善现有信用体系信息,加强对平台内失信主体的约束和惩戒。

2. 把关控制

信用建设要落到实处,首先要做的就是把关控制,在市场主体申请加入平台等环节时主动应用信用报告,不合规的要限制进入,让守信群体进入平台。

3. 过程控制

平台参与者的信用信息要用到其在平台所有经营环节中,和其利益挂钩,如对信用不好的参与者暂停其业务活动。当然,这些惩戒办法绝不能是平台核心企业（平台的构建者和管理者）自行制定的，要和平台参与者共同讨论。

4. 结果控制

当平台参与者出现严重失信问题后，平台要及时清退它，并配合政府相关部门健全政府层面失信联合惩戒对象认定机制，深入开展失信联合惩戒。

5. 信用修复

失信后如何恢复信用，这也是平台治理部门需要考虑的。

目前在国内各大平台中，京东的信用体系建设较为领先。京东 2019 年 2 月 21 日上线了衡量第三方商家的信用产品——"京信用"。京信用是评估商家在社会上守法履约表现及在经营过程中守信合规程度的信用体系，以 550 ～ 1 100 的分值形式展示。京信用的分值基于商家所对应的公司主体在社会上是否被行政处罚、是否存在守法履约异常信息等，以及商家在京东平台过去 365 天的违规记录、商品品质、金融履约、商品页面、经营历史五个维度的行为大数据，通过算法综合模型进行计算得出（见图 11-1）。京东的平台治理部门负责第三方商家从入驻到退出的全流程合规管理，京信用应用于平台治理的各个方面，起到有效管理失信商家的作用，使其处处受到限制，提高了京东平台的经济运行效率。预警失信行为，对相关行为进行更早防范，逐渐形成以信用为基础的平台营商环境。京东将为信用分数较高的商家提供多种权益，促进其更好地发展，比如增加店铺在售商品数量、标识为京东好店、提升风向标排名、提供免费工具及服务、可申请违规公众评审、各类业务可享受更简化或优先的服务。

图 11-1　京信用主要构成指标

11.5　技术引领

平台出现得很早，以前的集市就是一个非常典型的平台——有商铺、消费者、管理者。现代的大型商场也具备典型的平台特征，但这些平台的效率并不高，没有哪一个大型商场能容纳几百万个商家和几亿消费者就几十亿件商品进行磋商交易，然而数字平台做到了。无论是消费互联网平台还是工业互联网平台，它们都是伴随着互联网技术发展起来的，它们原生地带着技术基因。因此，平台治理体系的设计和实施也必须依赖技术，技术和治理水平是显著正相关的。结合实践，我们认为技术驱动下的平台治理体系主要具有三大特征。

1. 记录数据

互联网技术驱动下的平台 24 小时都在发生交易，每一秒都在产生数据，能否记录下这些数据对于构建平台治理体系至关重要。平台治理的一大职责就是处理交易纠纷，如果没有充足的证据（数据），那么平台很难做出公正且有效率的裁决，这会带来不公平的结果，变相降低了"坏人"作恶的成本，长此以往，交易双方之间"坏的交互"越来越多，平台中负的网络效应越来越强。

以出行平台为例，当乘客投诉司机时，平台该如何处置？选择相信司机还是乘客？如果没办法解决这些纠纷，那么平台上的"坏人"将会越来越多。通过 App 录音、安装视频记录仪的方式，出行平台解决了记录数据的问题。据相关报道，安装了视频记录仪的司机的被投诉率较没有安装的司机低很多。记录数据的难度主要体现在以下三个方面：

- 成本问题。互联网平台每秒都在产生数据，如果全部记录这些数据会耗费较大的服务器成本。
- 信息安全问题。如何在保障用户隐私的前提下记录这些数据是一个不小的挑战。
- 场景复杂性。类似出行平台，其大多数时间的交互都发生在线下，这些数据很难记录。

2. 自动治理

互联网技术驱动下的平台无时无刻不在运转，每一个时刻都在产生数据，利用传感器等技术，可以将其一一记录下来，甚至可以做到"数据孪生"。治理的源点便是这些数据。相关数据显示，小红书平台在 2019 年第二季度每天平均清理违规笔记 4 285 篇，但该平台在第二季度的月度活跃用户数是 8 500 万，每天产生 30 亿次的笔记。

要想从如此多的数据中发现违规内容并及时清理，如果不能依靠自动治理技术，是难以实现的。尤其是对于很多活动发生在线下的平台而言，如出行平台，它们如果不具备自动治理能力，就将面临很大的运营风险。这便是当下平台治理的第二大特征——利用技术自动治理。

3. 预判未来

通过交易双方在线聊天分析，预测是否会出现诈骗行为，及时提醒被骗的一方终止交易。通过文本和分享信息，判断传播内容是否存在谣言特征，预警并及时终止传播以减少对社会的不良影响。通过司乘双方的对话、车辆轨迹，预测司乘双方是否存在人身安全风险，及时联动警方介入处理等。面对海量的平台参与者和平台活动，平台必须要依靠技术的力量，保障好所有参与者的权益。

11.6 通用的标准

平台的各参与者，像传统公司中的各部门一样，都有一种"孤立化的倾向"，即拥有各自独特的流程、工具、规则，这会导致其难以解决复杂问题。为了避免这种情况，良好的平台治理体系需要以通用的标准作为保障，这需要平台管理者带领各参与者一起制定标准。如果能在更多的方面达成一致，平台将获得更为稳定的增长。这种通用的标准主要包括两个方面。

1. 规则通用

平台的规则集合相当于一个国家或城市的所有法律集合，这些规则是否足够透明并相对统一，对平台的发展来说相当重要。不同的业务线可以有相对独立的规则，但必须有一套通用的基准，很难想象一个国家有多部宪法。当建立好一套通用的规则后，平台管理者应该让所有参与者都知晓该套规则，并约束所有参与者在该套规则下行事；同时，平台应该有一个解释和负责这些规则的部门，当各业务对规则的理解和执行与规则的初衷不一致时，应以此部门意见为准。

海尔是我国最早探索平台化组织变革的本土企业之一。海尔平台上只有两类组织，即平台和小微；只有三类人，即平台主、小微主、小微成员，小微成员不是执行者，而是"创客"。以小微和小微主为例，其价值的体现为直接对用户全流程的最佳体验负责，直接创造用户价值，这就是海尔创造的"人单合一"模式。每一个小微成员获得的收益不再来自领导对其的绩效考核结果，而是直接来自用户。如何才能激励小微不断为用户创造价值呢？平台管理者需要设计一套标准的薪酬结算方式，并对每一个成员透明，每一个参与者都应知道"我做什么将会得到什么"。

2. 接口交互

亚马逊首席执行官贝佐斯坚持认为亚马逊所有的团队成员都应该学会用"服务接口"与别的成员沟通。只有拥有了相对标准化的接口，平台的各参与者才能发挥他们的智慧，为平台创造更多的价值。微信的小程序平台也是通过这种方式使开发者服务于平台用户的。相反，不这么做的公司在竞争上将处于劣势。黑莓手机曾一度占据美国市场约 50% 的份额，但它遇到了苹果和谷歌的挑战。它采取了四大竞争战略，即升级操作系统、降价、开发新产品、加强营销。2012 年，黑莓手机新产品在美国市场的份额已不足 1%，2016 年，黑莓手机表示将停止开发智能手机。黑莓手机的失败在于它从未想过要建一个统一标准的平台生态系统，没有相对统一的接口交互，就不可能用好众多外部创新者。

11.7 开放的平台文化

拥有一个开放的平台文化，是平台获得稳定增长和源源不断创新的重要因素，也是平台治理体系生命力的保障。

《平台革命》中描述了这样一个案例⊖：美国的社交平台——聚友曾是优秀的社交平台，其在细分市场上将领先的地位一直保持到 2008 年。聚友具备了很多当今社交网络用户所熟悉的功能，如即时消息、分类广告、视频播放等，这些功能都是由聚友的内部员工开发的。聚友的一个创始人曾经说"我们试图给平台创建世界上所有的功能"，并认为"既然我们自己可以做到，那为什么要对外开放，让第三者参与呢？"。正是由于不开放且技术资源有限，聚友的功能经常存在漏洞，导致用户体验不佳，从而走向没落。

张小龙给微信团队设定的七条价值观中，有一条是这么说的："记住我们的愿景——连接人，连接企业，连接物体。让它们组成有机的自运转的系统，而不是构成分割的局部的商业模式。我们专注于基于连接能力的平台，并将平台开放给第三方接入，和第三方一起建造基于微信的人和服务的生态系统。"

《平台革命》中提出如果满足以下两个条件，平台则可以称为是"开放"的：在参与其开发、商业化或使用中没有任何限制；任何限制都是合理及非歧视性的，例如要求参与者遵循技术标准，或要求参与者支付许可费，也就是说，限制对于所有潜在的平台参与者都是统一的。

以往关于开放的研究集中在激发外部开发者为平台用户创造更多的商品或服务，结合这些研究和我国平台的治理实践，本书认为治理的开放主要有以下两个特征。

1. 数据开放

国务院办公厅 2019 年 8 月 8 日发布的《关于促进平台经济规范健康发展的指导意见》中指出：加大全国信用信息共享平台开放力度，依法

⊖ 帕克，埃尔斯泰恩，邱达利. 平台革命［M］. 志鹏，译. 北京：机械工业出版社，2017：35-57.

将可公开的信用信息与相关企业共享，支持平台提升管理水平。这对平台管理者来说具有重要的借鉴意义，平台每时每刻都在产生数据，除管理者之外，其他参与者很难获得这些数据资产，开放这些数据（可以脱敏）将对平台有重要的价值。

2. 权利开放

能否将一元治理下平台管理者拥有的部分治理权开放给平台其他参与者，是平台治理体系是否开放的第二大特征。其中，较为重要的治理权包括立法权和执法权，当平台要新建或修改规则时，能否通过特定的程序和组织吸收平台其他参与者的意见是立法权是否开放的特征。平台参与者是否可以参与到平台的违规管理中，是执法权是否开放的特征。

在这一点上，京东平台在业内较为领先：2019 年 5 月 21 日，在京东举行的 6·18 全球品牌峰会上，京东零售集团轮值 CEO 发布了京东平台治理部打造的"护宝锤"项目，该项目的最终目标是保护品牌方权利免受其他商家侵犯，京东将基于大数据建立项目商品池，迅速定位及处理问题商品和店铺，授权品牌方可以直接下架这些侵犯自身权利的商品，从而形成一个由平台、品牌方、第三方授权商家共同参与、共同治理的开放式京东治理格局。

后　记

　　根据平台的属性和治理逻辑，我们对平台的未来发展和平台发展后的治理逻辑进行了猜想。

　　平台的出现可以追溯到几千年前，互联网平台的兴起与发展壮大不过是近几十年的事情。借助互联网，以及各种智能制造、云计算、物联网等技术的运用，平台得到了爆发式发展。现阶段的平台发展主要有三大类型：一是纯互联网平台发展，如纯电商平台、纯内容平台等；二是互联网平台向企业等实体扩张，形成新制造与新零售等的混合平台；三是制造业企业实现向互联网平台的转型，形成智能制造平台。无论这三种类型的平台发展走向何方，最终平台的发展趋势都呈现交叉混合或单一求精的特点。

　　（1）交叉混合下的超级平台　无论是互联网平台向实体经济靠拢，还是实体企业的平台化转型，两者都朝同一个目标迈进，那就是充分发挥互联网强大的链接作用以及云计算等互联网技术的数据处理能力，释放实体经济的发展潜能，巩固其对整个国民经济发展的强大支撑作用。

当该趋势发展到一定程度时，企业通过自身的互联网平台与消费者更能近距离接触，这势必会对电商平台的发展造成巨大的威胁，电商平台会受到巨大的冲击。

最极端的情况是在全球范围内纯互联网和纯制造业企业数量会大大减少，绝大多数企业是以智能制造平台和自身电商平台整合的形式出现的。也就是说，互联网平台与实体（如企业、政府、非营利组织等）结合成经济发展的一个基本单元。这样就实现了该单元中互联网平台的不断整合，形成交易大平台；该单元中的智能制造平台实现网状链接，也形成了智能制造大平台。两个大平台通过灵活的组织结构和通用的制度技术标准联结在一起，最终形成超级平台（见图 A-1）。

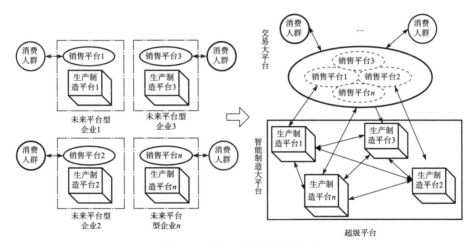

图 A-1　超级平台的概念图示

超级平台的出现不是凭空想象出来的，而是以平台的发展规律为依据。随着互联网使用人数的不断增加，加之受困于消费者对产品多样化的迫切追求以及多重代理商在销售中的利益分成，传统依托流量的平台在规模扩张、利润提升方面逐渐遇到瓶颈。此时，平台或寻求横向的领域扩张，或者寻求纵向的供应链条整合。横向的领域扩张会发展出更大规模的平台，但是终究会遇到瓶颈。纵向的整合实现了平台的立体化发展，从内到外、从上到下得到全方位的整合，并逐渐形成一个整体，也就是未来超级平台的出现。

（2）单一求精下的隐形冠军平台　未来还会存在另外一种平台，那就是隐形冠军，它最早由德国管理学家赫尔曼·西蒙提出，是指那些不为公众所熟知，却在某个细分行业或市场占据领先地位，拥有核心竞争力和明确的战略，其产品、服务难以被超越和模仿的中小型企业。

无论平台怎么发展，世界经济是离不开制造业和中小型企业的，中小型制造业企业等小平台能不能融入超级平台之中呢？这与企业的价值追求、核心技术、发展目标相关。超级平台背景下的企业平台发展在一定程度上会影响某些单一技术的颠覆性创新，这部分历史使命会落到有使命感的中小型企业之中。或许有人会疑惑，超级平台或大平台的资源整合能力更强，肯定会比中小型企业更有优势，但是优势和技术的积累，也需要在一个远离资本纷争和"象牙塔"式环境下形成，中小型企业比超级平台或大平台更容易提供这样的环境。

进行技术革新的企业也不是闭门造车，而是根据自身优势资源和原始的技术积累，结合当下环境发展，在实现企业内部平台化改造的基础上进行的。中小型企业的平台化发展更加关注内部平台建设，强调打磨产品细节和服务好平台的参与者。当然，这些企业还需要与超级平台开展业务合作，两者的协同能为中小型企业的隐形冠军平台发展之路提供方向，还能为超级平台提供优质和技术革新性的产品（见图 A-2）。

"量"：大规模生产，规模效应
"质"：关注产品质量、发展质量与全面效益
"量质"：又快又好!
"量-质-量质" 或 "量-量质-质"
数字化平台企业　　　　隐形冠军平台
（超级平台）　　　　　　（内部平台）

图 A-2　从"质"和"量"看平台发展方向

　　总体而言，平台的未来是朝超级平台和隐形冠军平台两个方向发展，这也是企业对发展中质与量追求的差异决定的。在经济发展的过程中，需求增加会促使企业不断地增加量方面的生产，但是到了一定的阶段，对量的追求已经不能完全满足市场要求，这时候就出现了两种情况：一种是追求由量到质的转型，在不改变量的前提下，通过技术手段实现质的提高，最终实现整体量质的提升，这种模式会朝超级平台的方向发展，因为企业在大批量、高质量发展和产品应用中要不断整合各种链条、各种关系、各种资源等。

　　另一种是追求由量到量质的转换，在这个过程中企业会降低生产产量而将更多的精力放到质的提高上，在质达到一定稳定程度时，再追求量的提升，但是受限于企业资源和对质的追求，企业始终不会扩大产量。在质与量的发展中，企业以质为核心，将平台理念或技术应用到企业的管理运营和产品生产中（构建强大的内部平台），通过缩减成本、提高质量来获得生存根本，这就使得企业朝隐形冠军平台的方向发展。

　　以上仅仅是我们对平台发展和未来治理的一点点思考，还有太多不足之处，欢迎批评指正。

　　在全书的最后，感谢苏钟海博士在全书框架设计和部分章节内容梳理上所做的贡献！